好性格是管教出来的

伸びる子どもは○○がすごい

[日] 榎本博明 著　　孟海霞 门吉建 译

中国友谊出版公司

图书在版编目（CIP）数据

好性格是管教出来的 /（日）榎本博明著；孟海霞，门吉建译 . —— 北京：中国友谊出版公司，2021.10

ISBN 978-7-5057-5293-1

Ⅰ . ①好… Ⅱ . ①榎… ②孟… ③门… Ⅲ . ①儿童教育Ⅳ . ① G61

中国版本图书馆 CIP 数据核字 (2021) 第 153261 号

著作权合同登记号　图字：01-2021-3217

书名	好性格是管教出来的
作者	[日] 榎本博明
译者	孟海霞　门吉建
出版	中国友谊出版公司
发行	中国友谊出版公司
经销	新华书店
印刷	天津旭丰源印刷有限公司
规格	880×1230 毫米　32 开
	7 印张　121 千字
版次	2021 年 10 月第 1 版
印次	2021 年 10 月第 1 次印刷
书号	ISBN 978-7-5057-5293-1
定价	45.00 元
地址	北京市朝阳区西坝河南里 17 号楼
邮编	100028
电话	(010) 64678009

什么决定一个人的将来

众所周知，孩童时期对于一个人的身心发展、大脑发育来说，具有非常重要的意义。早在我的学生时代，在当时的心理学和教育学领域，就已坚信孩童时期的生活方式对一个人的将来会产生巨大影响。

值得注意的是，孩童时期的生活方式问题近来又重新受到广泛关注。

其中一个原因，是人工智能（AI）等技术急剧发展，导致孩子的生长环境发生了翻天覆地的变化，而作为父母对此却不知该如何是好。另外，考试的低龄化也有一定影响。例如，教育培训机构等做孩子生意的商家宣传"孩子优秀，赢在幼年"，让很多家长感到不知所措，也是原因之一。

不仅如此，2000 年，诺贝尔经济学奖得主詹姆斯·赫克曼对于儿童早期发展问题提出了新的见解，之后据此进行的研究盛极一时，幼儿教育的重要性也逐渐凸显出来。或许这个原因才是更重要的。

赫克曼的研究结果证实，"学前教育在很大程度上决定其未来人生"。而且研究结果发现，比起提高包括 IQ 之类的认知能力在内的所有与智力有关的能力，重要的是学前教育更能提高孩子的忍耐力、情绪控制力、同理心、干劲等非认知能力。

因此，在孩子幼年的时候，就要开始给予孩子教育性的刺激。这个结论让大多数的父母感到满意，也成为他们的共识。

只是虽说知道了"从幼时开始给予孩子教育性刺激十分重要"，但大多数父母却只是联想到孩子能算数或能读写，一味地想去提高孩子的智力水平。

然而，赫克曼的研究结果显示，要想让孩子步入社会后走向成功，比起让孩子尽早学会那些迟早能在学校学到的知识，从小开始锻炼孩子的非认知能力才是更为必要的。

学习与工作能力非遗传所决定

并不是智商高走上社会就能成功，像那种智商高步入社会工作后屡屡受挫的人比比皆是。

有些孩子虽说智商很高，但在工作之前的学习能力却并不强，一般称其为后进生。相反，有些孩子智商没那么高，但学习能力却非常强大，一般称其为优异生。成绩的优劣很大程度上会受到智力因素以外其他因素的影响。

这在某种意义上也可以说是一种补偿，因为诸多研究表明，智力受遗传基因的影响很大。像智力的很多方面都是由遗传所决定的，但学习能力、工作能力并非由智力决定，而是在很大程度上受到智力以外的诸多因素影响。并且这些因素会在人出生之后随着经验的增加而不断提高，算是一种能力。

那么，除智力因素以外，还有什么能力会影响学习能力或工作能力呢？这些能力又怎样才能提高呢？

本书的目的就是去思考、探讨这些问题。

新职员问题给我们的启示

孩童时期应具备什么能力？什么能力孩童时期如不具备，长大后一般很难弥补？思考这些问题之际，平日对新进公司的职员所感到的违和感给了我很大启发。

如果新员工有工作方法不对、提交的文件错误等问题，批评他几句，他当场就会板起脸，工作不能专心，终日心不在焉似的。更有甚者，从第二天开始干脆不来上班了。为此，现在无论是上司还是前辈都不得不开始格外注意对待新员工的方式方法。也正因如此，锻炼新人将其培养成得力干将或人手变得极其困难，上司与前辈的叹惜之声不绝于耳。

新员工对于批评的逆反行为也常成为话题。如果新员工工作草率，因说话方式和态度不够礼貌招致客户投诉等，若指正他的话，他立刻就会板着个脸以示不满。其实现如今已经没有那种非常严厉的斥责了，但稍微提醒指正都会马上招来反感。放在以前根本不会有任何问题的轻微斥责，如今也会被新员工记在心里，他们大肆宣扬自己有多么受伤，说些"简直就是职权骚扰啊！"之类冲动的气话。一旦出现这种情况，上司或前辈便不会再轻易指正。这不仅会让整个组织陷入僵化的境地，对其本人的成长也会产生极其不利的影响。在其成长过程中，这些人会与那些不断从指责与批评里吸取教训的人逐渐拉开距离。

管理者常和我谈论新员工完全不把他人的批评与建议放在心上之类的问题。他们说，对那些新员工无论如何指出他们工作上的问题、提出多少建议，他们都不会有任何改善，实在让人头疼。之所以他们不把上司和前辈的话放在心上，这与他们不会运用想象力揣摩他人的想法有关。他们不能理解别人为什么会那么说，只在意自己被批评了，只关注自己感受到的不愉快的情绪。

总之，如何应对这些动不动就感情用事的人成了棘手的问题。

一旦发挥不尽如人意，就会立刻叫苦，说什么"好像这项工作不适合我"。即使鼓励他说，"熟能生巧，会越做越好的"，人家只会不负责任地说些"我干不了"之类的自暴自弃的话。像这样无论做什么事都干不长久的倾向引起了不少人的担忧，不满的呼声也不绝于耳。然而，无论是什么样的工作，刚开始就干得很好的人并不多见，只不过是他们没有毅力罢了。

很多新员工在得不到自己预期的评价时会失去干劲，甚至有人喊着"我忍不了啦"而大发脾气。他们对没有满足预期的状况的把控能力比较弱，会因为客户与客人的不合情理的要求或斥责而恼怒，有时甚至还会将好不容易建立起来的关系毁于一旦。这是因为他们的欲求得不到满足，对此的忍耐能力比较低下。

有的新员工刚进公司不久，他的母亲就打来电话抱怨培训太严格。还有的新员工自己请假，却是他母亲帮助打来电话。这种种作为让人觉得现在的年轻人不仅是忍耐力差，甚至连交际能力也很欠缺。

带薪休假时要考虑身边的状况以及他人是否方便，这是职场不变的常识。而有些新员工却完全不顾及这些，在繁忙时期会突然提交带薪休假的申请。与我谈论此事的管理者只能摇头慨叹，露出一副目瞪口呆的神情：有人都忙得要死要活，他们难道一点都感受不到吗？自己的缺勤会给他人带来多大的负担，他们难道连这点想象力都没有吗？还是觉得自己行使权利永远是第一位的？无论是哪一个，都很令人费解。

不动脑子或不去思考，必然导致一切等待指示的做事倾向。当管理者批评他"该做的事没有做"时，对方反而若无其事地回答：

"没人对我说要做啊？"

这也是由于他们只会单纯地接受指令，而不会思考工作的整个流程，也没有做出相应准备。

在此列举的种种心理倾向，并不是意味着智力上或某种能力上有缺陷。但无论是学习还是工作，心理倾向确实关系到能否掌握能力，去完成眼前应该做的任务。这一点应是毋庸置疑的。

进一步来说，这不只是个人或某个家庭的问题，对于企业等组织来说也是非常严重的问题。对于那些正在为新员工心灵脆弱、忍耐力差，对欲望的耐受能力弱的问题犯愁的组织来说，如果能找到更多心理上受过锻炼的新员工的话，无疑是一件天大的好事。

那么，要想变得学习好、工作能力强的话，孩童时期应培养什么样的心理倾向才好呢？要想在形势严峻的社会浪潮中能够乘风破浪的话，孩童时期应该注意哪些教育方式呢？在我们弄明白这些问题之前，先来思索一下如今的孩子们缺乏什么样的能力吧？！

目 录

CONTENTS

第2章 ◎
人们对早期教育的错误认知

第3章 ◎
幼年时期的教育与后期真实效果

第 4 章 ◎
构建孩童时期好性格的基础

第5章

通过孩童时期的严格管教养成好性格

第 1 章

诸多问题多源自孩童时期

1. 受不了批评指责的年轻人

直到现在，我已经跟学生打了将近 40 年的交道，感触最深的就是如今的很多年轻人心灵都很脆弱，容易受刺激。他们往往会因为一点点小事就导致心灵受伤，意志消沉，或者心生叛逆，容易感情用事。

我在与企业经营者或管理人员交流时，他们提到最多的就是近来青年职员越来越难相处的问题。

他们说："现在的年轻人，稍微提醒一下、批评两句，他们就会情绪低落、无心工作。有的则会板起脸来与你辩解，更有甚者从第二天起就直接休班，或是倒打一耙，吵嚷着'说这话也太过分了吧！''这简直是职权骚扰！'。一旦出现这种情况，事情就变得特别麻烦，所以对于年轻人都不敢轻易地劝告和提醒了。"

反观年轻人所怀疑的上司"职权骚扰"的情况，其实上司并没有说什么独断专横的话。大多是些换作以前的话无所谓的轻微斥责，不少经营者和管理人员也都奇怪为什么现在的年轻人会如此蛮不讲理，感情用事。

在我们以 20~50 岁的公司职员为调查对象、共计 700 人（20~50 岁分 4 个区间，每个区间 175 人，男女各 350 人）的调查中也发现，年轻的一代心灵脆弱现象显著。

其中在自由记述一栏里，来自管理层的不满的呼声非常高。因为每次提醒下属或给下属建议的时候，对方都会表露出自我被否定般失落的神色，因而指导往往很难进行下去。有时在给下属建议的时候，下属会不自觉地意志消沉而不去上班，这就使得管理人员在与下属的相处中不得不小心翼翼。

另外，还有一些年轻下属的记述。他们写道：一被上司叫到办公室就心跳加速，浑身紧张，受到上司批评还会因此而受到打击，有时甚至不能来上班。

从调查中还可以看出，有超过两成的人认为，年长的人给自己提建议有时会让自己感到烦闷，而这种想法在 20 多岁的年轻人中占了近三成。

"一旦被别人批评指责，无论批评得是对还是错，都会感到怒不可遏。"这种想法在 20 多岁的年轻人中尤为突出，占了 45%。

心灵如此脆弱的年轻人越来越多，别说挨批评了，被提醒几句或给个建议都会垂头丧气或心生逆反，这种风气愈演愈烈，以至于甚至出现了培训如何对待新员工的公司。

据《日经商务周刊》调查，有 67.8% 的人从来没有过严厉地批评新员工的经验。因而如今的年轻人极其经受不起他人的否定。为应对年轻人抗击打能力弱的现状，有必要对上司和管理人员进行培训，改进与下属的相处方式，柔性对待新员工。（《日经商务周刊》2015 年 4 月 6 日刊）

年轻人的抗击打能力，已经到了不得不小心对待的地步了。这真的好吗？这样脆弱的心灵，如何能在人生的道路上披荆斩棘啊？！

学生在学校里基本不会被批评，但是走上社会总会被批评的。对此，《朝日新闻》在 2018 年 3 月 31 日的晚报里介绍道，开始有大学在学生毕业前开设"批评教育"课程。

"如何接受批评"的能力，作为刚踏入社会的新人的一个必备能力，受到广泛关注。"批评教育"课程的目的，是在四月入职之前，让大学生参加批评教育的课程，并完成相应课题，让他们不会因为上司、前辈的话感到心烦或辞掉工作，而是要着眼于如何处理对方指出的问题，促进自身的成长。

2. 心理承受力越来越差的学生

心灵容易受伤的年轻人，必然不会是步入社会的那一刻才突然出现这种情况的。现在学校里的老师也反映，学生心灵极其脆弱，批评稍微严厉一点，不仅学生本人会失落之至，而且还会招致其监护人的不满。所以老师也不敢再严厉教导学生了。

当问及学生这个问题时，学生表示迄今为止在校基本没有被老师批评过，自己身边的朋友也是如此。想当年我还是学生的时候，被老师严厉批评是家常便饭，而如今情况好像大不相同了。就算学生犯错，老师也不是给予批评，而是对学生说"这种事以后不要再做了好吧"之类的话，没有任何威严。到头来，老师看到学生不合预期的行为倾向，也不会直接指出要求其改正，而是只能用温和的语气传达自己的期望，以敦促本人自觉改正。

有不少学生说他们的朋友因打工迟到被店长批评，顿时感到不爽而大发雷霆继而辞职。据这些人说，他们从来没有因为迟到而被批评过，不明白为什么会被批评，顿时怒火心生，不可遏制。

跟学校老师交谈的时候，他们也提到，有一些"怪物级"的家长，就是那些极其难缠的监护人，一旦孩子受到指责或者严厉的批评，他们就会立刻感到不满，导致老师很难对学生进行严格教育。例如，孩子们一次又一次地违反规则，上课说话、吵闹，任你怎么提醒都不消停，但如果你对他们怒斥一声，家长马上就会来找你理论：

"我们做父母的都没跟孩子发过火，你一个老师发这么大火干吗?! 我家孩子说老师很可怕都不敢来上学了。这个时代不都应该是夸奖式教育吗?"

在一个自治体的校长会议上，我受邀做讲座，并经允许做了一项问卷调查。

调查结果如实显示了教育现场的实际情况：批评以及严厉的指导正变得越来越难。

跟以前相比，夸奖学生的次数变多：回答"是"的占79.5%，回答"否"的占6.8%。

跟以前相比，批评学生的次数变少：回答"是"的占61.3%，回答"否"的占20.4%。

感觉必须夸奖学生的氛围越来越浓：回答"是"的占77.3%，回答"否"的占4.5%。

对学生的严格指导变得越来越难：回答"是"的占86.4%，回答"否"的占11.3%。

本应批评学生的时候也变得说不出口：回答"是"的占54.5%，回答"否"的占22.7%。

另外，我也了解到，在学生心理倾向方面，几乎所有填写调查问卷的校长对学生的印象都是：越来越多的学生具有心灵脆弱、容易意志消沉、缺乏忍耐力的倾向。

感觉对老师的批评产生不满情绪的学生不断增加：回答"是"的占88.7%，回答"否"的占2.3%。

感觉得不到表扬就闹别扭的学生越来越多：回答"是"的占50.0%，回答"否"的占15.9%。

感觉心灵脆弱的学生越来越多：回答"是"的占88.7%，回答"否"的占0%。

感觉容易意志消沉的学生越来越多：回答"是"的占84.1%，回答"否"的占2.3%。

感觉学生的忍耐力在不断下降：回答"是"的占95.5%，回答"否"的占0%。

再进一步来讲，在学生的监护人方面，几乎所有校长都感到：宠溺孩子且不注重锻炼孩子心理承受力的监护人比比皆是。

觉得宠溺孩子的监护人大有人在：回答"是"的占 90.9%，回答"否"的占 2.3%。

不把心思放在锻炼孩子心理承受能力上的监护人非常多：回答"是"的占 79.6%，回答"否"的占 0%。

就像这样，如今的年轻人里，大部分人对于批评的承受能力较差，更无心力将批评转化为帮助自己成长的精神食粮，而仅仅只是感到自己受了伤害。被批评了，被指出错误了，自己不反省进行改正，反而被"不满情绪"冲昏了头脑，想去抗拒这种指责。又或者忍受不了这种"伤害"，试图从批评中逃离。

实际上，跟学生提起"受批评""受指责"的问题时，我发现就算是面对合理的劝告或提醒，他们也会产生强烈的感情上的抗拒倾向。

他们说，因上课无精打采的样子被老师批评时，是真的非常生气。当被问及"这种被批评不是理所当然的吗？"时，他们回答：

"或许是这样，但就是非常生气啊。"

周围的学生也都跟着点头表示同意。但被问及"这不是你自己态度不端正的错吗？"的时候，他们却大言不惭地解释道：

"你说得是不错，但挨批评时谁还能保证自己不会感情用事啊？！"

"老师上课不是讲过嘛，人类并不是靠理性进行活动，而是受感情因素影响很大。谁受到批评都会生气的！"

他们似乎根本没有意识到被批评原本是自己的错。

因为他们很少被批评或指责，所以极端缺乏对于这些批评与指责的承受能力。他们根本来不及思考就立刻陷入"被否定了"的不满情绪中，常因一时无法控制自己的情绪而做出冲动的行为。

3. 过度害怕失败的年轻人

谁都害怕失败，不想失败，但是如果过度害怕失败，就会心生胆怯，做事畏首畏尾。

观察现在的学生可知，他们害怕失败、做事犹豫不决的倾向越来越明显。关于这种倾向，我也与学生讨论过，在讨论中孩子们缺乏失败经验的问题渐渐显现了出来。

我把他们的意见大致汇总了一下，情况如下：按照老师的指示做事往往不会出差错，自主行动却可能挨批评，所以最后都选择依赖老师的帮助来保证不失败。只需要按老师说的做就能做好的话，也就不必由自己亲自尝试挑战了。

这很像"指南依赖症"或"等待指令型"之类，可以说是互相照顾、互帮互助的环境下的一种弊病。如今教育逐渐变得服务产业化，学校也把"营造互助环境"作招牌，我对此却常怀疑问。因为互帮互助反倒易滋生出害怕失败的恐惧心理，影响学生的自主性行动，不是吗？

在此，不得不重新审视的一点便是失败的意义与价值。只有达到一定年龄才会明白，人生可以说就是由一连串的失败构成的。诚然，人生会有事事顺心的时候，也会有欣喜若狂的时候，但没有失败的人生是不存在的。

试看那些名人传记，可知无论哪个名人都是在面对巨大的挫折时毫不气馁，发挥其强大的韧性，绞尽脑汁想方设法克服困难才取得成功的。也就是把失败作为自己成功道路上的垫脚石，不断向上攀登。

人工智能的发展将会成就一个前途无法估量的时代。就是因为其无法预测，所以失败无法避免，而我们只能在不断失败的同时向前走。畏惧失败将导致我们停滞不前，如每失败一次就泄气的话，我们也将不再积极地行动。这个时代要求我们必须提高对失败的应对能力，以及从失败中吸取教训的能力。

因此，重要的是要充分认识到失败的意义与价值。要意识到谁都不想失败，但实际上谁都会失败，而且失败并不一定是坏事。

4. 过度保护孩子的大人们

通过不断的失败，孩子们不仅能更好地在现实生活中生存，更能学习到一些非常重要的东西。然而让我切身感到的却是，处于教育现场的大人们完全忽视失败的作用，他们极力想让孩子避免失败，创造出了一种对孩子保护过度的环境。

大概是在 20 世纪 90 年代，运动会的赛跑项目不再单独计个人名次的事情成了一大话题。比赛不仅不计名次，而且在选择参赛者的时候，还有意让那些差不多的孩子参加赛跑，以保证大家不拉开差距。

那个时候，我正从事教学委员会的相关工作，当时我就指出：为了不伤害跑步慢的孩子的自尊心，而有意去掩盖事实上存在的实力差距，不顾孩子跑步有快有慢的事实，这是有问题的。应当教育孩子们不要看不起跑得慢的同学或不要因为跑得慢而感到自卑，而不是去掩盖孩子们实力上的差距，这才是重要的，不是吗？

后来，在学习汇报演出会等大会上，大家也变得极其注意谁是主角的问题，下功夫让每个孩子都能有"我是主角"的感觉。这可以说是为了回应监护人"为什么不让我的孩子做主角"的不满，但主要还是因为考虑到不想让孩子因没能成为主角而伤心。

"夸奖式教育""非批评式教育"之类引人注目的口号，在20世纪90年代的日本社会急速传播渗透，这也可以说是"不伤害孩子自尊心，引导孩子积极向上"的社会氛围导致的结果。

无论是在辅导班还是在学校里，所进行的亲切细致的指导可以说都是为了防止孩子们因遭遇失败而感到受伤。这种亲切指导被当作招牌大肆宣传，正是因为"让孩子自尊心受伤是不好的，应避免孩子受伤害"这样的价值观得到普遍认可的缘故。

那些运用一定的指导技巧，使孩子自尊心不会受伤的培育孩子的方式逐渐成为家长培育孩子的参考指南，他们注意避免使用伤害孩子自尊心的话语，一个劲儿地夸奖孩子，想让孩子变得积极而自信。

这种不让孩子体验失败后的受挫感的教育方式得到推崇后，老师们也为避免孩子失败进而手把手指导，还总是夸奖孩子，鼓励孩子积极乐观地面对。

在此，不得不重新审视：不让孩子自尊心受伤害的这种顾虑真的具有教育效果吗？

话说回来，这种不让孩子受伤的顾虑不断强化以来，孩子和年轻人的心灵真的变强大了吗？如果他们遇到不喜欢的事、不顺心的事，他们能够保持心态，积极地坚持下去吗？其实结果是背道而驰的，心灵脆弱的孩子和年轻人不还是一个劲儿地增加了吗？

在教育现场，随处可见过度害怕失败的孩子和年轻人，到处能听到"我要崩溃了"的话，反观已经变得必须要充分考虑到孩子和年轻人脆弱心灵的教育现状，这种不想让孩子心灵受到伤害的育儿以及教育方式不是正起到反作用吗？

大人们不想让孩子受伤而创造的这种过度保护的环境剥夺了孩子们的失败经验，由此导致孩子们缺乏失败经验，对于失败没有任何免疫力，一旦失败，心理上将受到沉重打击，以至于无法重拾信心，在困难面前很难再站起来。现在不正是这种情况吗？

5. 追求"性价比"，无法好好守在孩子身边的父母

父母为避免孩子失败而预先给予的指导和建议，往往会剥夺孩子们的自主性，也剥夺了孩子们在失败中反复尝试积累经验的过程。之前我曾指出，家长这么做的背景，是因为这个社会存在一种不想让孩子受到伤害的顾虑。另外，还有一个大背景不得不提。那就是，终日忙于工作的父母会寻求所谓的"性价比"。

如今，很多父母都是边工作边育儿，无论他们是正式职员还是非正式职员，在忙碌这一点上都是毋庸置疑的。

父母回到家时身心俱疲，再无心力去看护孩子，自然会想："明天还要早起，让孩子早点睡觉我自己也早点睡。"

到了周末，清洗积攒的衣物，买东西，晒被褥，打扫房间，有那么多需要做的事情要赶着做。

除此之外还有孩子们去课后辅导班学习的接送问题，在

孩子小的时候，就需要天天接送孩子去幼儿园或托儿所等。

就这样，父母天天忙着这些必须做的事情，已无力去管其他事了。对于孩子的作业以及第二天上学的准备工作，他们往往是给孩子过多的指令让孩子去做。即便孩子遇到不明白的问题跑来问父母，父母也不是一点点给予提示让孩子自主思考，而是直接告诉孩子答案，或手把手直接教孩子做法。

由此，孩子不仅没有失败经验，同时也失去了自主思考、在失败中反复摸索的体验。

结果，孩子们就形成了过度害怕失败，失败了也难以恢复的感受性特征。他们没有养成失败后反复摸索、积极思考、努力钻研的习惯，也就不具有独立思考和判断的能力了。

人们理所当然地认为追求性价比不是坏事，却忽视了性价比可以说是源于自身想节省力气偷懒的想法。日本人工作的准确性以及熟练员工工作的细致性是建立在员工不遗余力、努力奋斗的基础上的，而追求性价比的想法可以说与这种精神背道而驰。

养育孩子、教育孩子，都是一种应该不遗余力费心去做的工作，将性价比的想法应用在育儿上本身是不合适的。可能你会感到身心俱疲，但是孩子孩童时期的生活方式在很大程度上关系到孩子的将来，所以还是请你再加一把劲儿，挤出时间、留出精力好好看护自己的孩子。

6. 心理韧性越来越差的年轻人

要求"减负"的育儿方式以及宽松教育导致孩子们直到成年都学不会忍耐和努力，很多年轻人在不得不努力一把的时候，往往因为做不到而深感痛苦。

我在一节关于职业能力培养的课上，谈到了人的努力以及努力坚持到底的问题。上完课准备离开讲台的时候，围过来几个问问题的学生。其中一个学生问道：

"我意志薄弱，老是失败，请问怎么办才好？"

其他同学听到这个问题，似乎都有同感似的纷纷说道：

"我也是这种情况。心里知道有些事必须坚持到底，却往往很快就半途而废，怎样才能让自己更努力一些呢？"

"我也是，从没有为一件事拼命努力过，也没有自信去放手一搏。听了您的课很受启发，觉得这样下去也不是办法，该怎么做才好啊？"

与此相对，也有学生表示：观察自己周围的同学，觉得不努力的人也不少。但自己社团活动的老师是真的严格，因此不管多么难以做到的事情，都不能不努力去做。也幸亏如此，自己才学会了要拼命努力去实现目标。

"别勉强自己。"

"不用那么拼命。"

想把上述这些表现心理关怀的语句应用到日常的育儿或教育上，这种倾向在社会上广泛呈现。孩子们不想努力的现状，也与此大有关系。然而不去慎重考虑这一点，反而去推行减负育儿、宽松教育的人们，对此也应负有责任。

如果不给孩子增加负担、什么事都夸奖就好的话，则会导致那些工作劳累的父母更倾向于轻信这种蛊惑。因为对于父母来说，无论是批评还是通过严厉的要求去锻炼孩子，都需要花费更大的精力，一旦和孩子闹矛盾，精神上会更加疲劳。

而不要给孩子增加负担、夸奖孩子就好，这种话是非常具有迷惑性的。因此，只要别人说"不用批评孩子""只需夸奖孩子就行"等类似的话，父母无意中就会被迷惑。提倡这种说法的书会畅销，对相关做法的探讨也如火如荼。在此，我希望育儿中的父母不要再被这种伎俩所欺骗。

长年与学生打交道的人都深有体会：正因为不给孩子增加负担的育儿与教育方式在社会上广泛传播，才使得心灵没有受到磨炼的年轻人不断增加。

举个例子，"我要崩溃了"这句话被广泛使用这一点本身，可以说就是孩子们心灵受不到磨炼、变得脆弱的证据。如今的年轻人经常说自己"我要崩溃了"，而以前应该是不用这个词的。

在2017年，我以239位大学生为对象，就"意志消沉的经历"进行心理状态调查。调查结果显示："曾意志消沉过"的人的比重占60.2%，称"从未消沉过"的人占25.4%；称"曾差点意志消沉"的人占84.4%，称自己"从未差点意志消沉"的人占7.2%。如此这般，年轻人八成以上的人都体验过"差点意志消沉"的感觉，六成的人称自己实际上曾经意志消沉过。

另外，有59.1%的人表示"感觉很多人动不动就说自己心灵受伤"，而15.3%的人没有这种感觉。

"大发雷霆"与"意志消沉"类似，被认为是与人心理韧性差有关。有59.5%的人表示"感觉很多人动不动就发火"，而18.1%的人没有这种感觉。

所有的数字显示，有六成的年轻人感到：很多人韧性比较差，一点小事便会导致心态的失衡或崩溃。所谓"韧性"，是指人心灵的复原能力，是指就算因为遇到烦心事或困难而一时意志消沉，也能很快恢复的能力。

如今年轻人韧性之差在职场上成为一个广泛讨论的话题。

只要碰上经营者及管理人员，回避不了的便是"部下及新员工心灵脆弱容易受伤、消沉，着实棘手"的话题。拜那些总想让孩子积极向上、体贴照顾孩子的育儿方式与教育方法所赐，孩子们从未经历过真正困难的环境，他们因此不擅长应对困难，无法承受挫折，很容易意志消沉。

7. 年轻人出现的诸多问题多源自其孩童时期

观察年轻人表现出来的这些问题，育儿方式和教育方式是引起这些问题的重要的背景因素。这一点已非常明确。

无论在哪个时代，但凡走上社会自然会遇到各种各样的困难。工作失误了，自然就会被指责、被批评，直到自己把不熟悉的工作做熟练。而如果一被指责就意志消沉，身体也会受不了的，所以只能接受那些指责、批评，从中吸取教训，重新鼓起干劲。

然而，如果说如今那种一被批评或指责就心灵受挫、意志消沉而又无法直面挫折和困难的年轻人不断增加，那么其问题就出在不锻炼孩子心智、不提高孩子韧性的育儿方式或教育方法上。

世界上有说话粗鲁的人，也有不会体谅他人的人，还有自以为是、厚颜无耻的人。这些人中偶尔会是你的上司、前辈，又或者是你的客户，面对这样的人，谁都会心生怒火。不过，无论你内心多么生气，如果不能克制自己的怒火，将无法顺利沟通，交易也不会顺利完成，工作便会失败。

自古以来便不乏这种人的存在。如果因此就克制不住怒火而大发雷霆或干脆辞职的人还在不断增加的话，很明显，原因就是在育儿和教育过程中没有提高孩子的韧性。

正所谓不如意事常八九。无论再怎么努力，也始终会有达不到预期的情况。

就像拼命努力备考，却与一心想去的学校擦肩而过；在社团里不管怎么拼命练习，也不如对手实力强劲，成不了正式队员；终于鼓起勇气向爱慕已久的异性表白，对方却对自己并无好感；为找工作四处奔走，却迟迟得不到录用；好不容易才入职，却发现工作内容跟预期相差甚远；耐着性子认认真真干好本职工作，不知付出了多少努力，却因为与上司关系不和得不到好的评价……

像这样的情况不在少数，但这就是人生。但凡有一件不顺心的事，就心灵受挫，意志消沉，说什么"我要崩溃了"这样的丧气话，那是无法在严峻的现实社会中乘风破浪的。

纵然如此，心灵脆弱的年轻人仍不断增加，可以说其症结在于他们在成长的道路上从未体验过提高韧性的教育方式。

因此，最重要的是找出目前育儿方式与教育方法的问题点，进而在提高孩子的韧性上实现育儿方式和教育方法的转型。

8. 忍耐力差的孩子们

现在的年轻人经不起批评指责，在努力却迟迟没有进展的时候便会显得没有毅力，无法忍受他人的指正或建议。他们在事物发展与预期不同或相反的时候容易灰心丧气，严重的情况还会意志消沉。这也难怪为什么有那么多经营者或管理人员苦于如何对待他们的新员工了。导致年轻人出现这种倾向的一个重要原因，就是年轻人忍耐力不足，而这种迹象在其幼儿时期就已显现出来了。

2006 年，我曾受大阪市的委托，以大阪市内的幼儿园教师为对象，针对幼儿园教师"对于如今孩子以及育儿现状的担忧之处"的问题展开了调查。调查结果表明，位居榜首的便是"孩子没有忍耐力的现象非常突出"这一项。而且，对此问题感到担忧的幼儿园教师高达 64%，其比例是具有压倒性的。

教师所担忧的问题，具体呈现为以下这些：

孩子没有忍耐力的现象非常突出——64%；

孩子很难融入周围集体的现象非常突出——52%；

孩子过度以自我为中心的现象非常突出—— 47%；

孩子缺乏基本的生活习惯的问题非常突出——46%；

孩子缺乏主动性的问题非常突出——45%；

孩子缺乏合作精神的问题非常突出——44%；

孩子不能好好地与朋友一起玩耍的问题非常突出——43%。

上述回答主要表现为两种倾向。也就是说，对于幼儿园教师来说，特别令他们感到担忧的倾向有两个：其一，孩子过度以自我为中心，缺乏合作精神很难融入集体的倾向；其二，孩子忍耐力差，缺乏基本的生活习惯和主动性，也就是缺乏自控能力的倾向。

总而言之，他们所担心的就是很多孩子不擅长在必要时控制好自己的感情，易产生冲动的行为。而这也正意味着孩子长大后非认知能力的缺失。

2006 年读幼儿园的孩子，如今正是不到二十岁的年纪。当时反映在幼儿身上的那些倾向，并非突然变异出现的东西，而应是之前就持续了一定时间的。如今的 15 岁到 20 多岁的年轻人所表现出来的倾向，早在他们幼年时期就已经显现出征兆，并且引起了当时幼儿园教师的担忧和重视。

而那些孩子身上所反映出来的种种倾向，不仅至今都基本没有任何改变，反倒是愈加显著。从以下所示的 3 年前的数据，可以明显地看到这一点。

2016 年，我又在山形县课后托管班①、课后活动班②，以班里的老师、志愿者等相关人员为对象展开了调查，调查的内容仍是"孩子表现出的倾向"。结果 86% 的人"认为没有忍耐力的孩子越来越多"，这个比例最高。

以下是针对孩子倾向问题的主要回答：

认为没有忍耐力的孩子越来越多——86%；

认为缺乏合作精神的孩子越来越多——80%；

认为不能好好地与朋友一起玩耍的孩子越来越多——76%；

认为任性的孩子越来越多——75%；

认为没有严加管教的孩子越来越多——75%；

认为心灵脆弱的孩子越来越多——75%；

认为不求上进的孩子越来越多——61%。

①此处指在日本被称为"学童保育"的场所，是日本法律规定的"放课后儿童健全育成事业"的一环，主要是为帮助双职工家庭的小学生，在放学后提供游戏和生活场所的教育场所。目前分为自治体运营的"公设公营"，自治体设立、民间企业等负责运营的"公设民营"两种形式。——译者注
②此处指日本所有小学生都可参与的、课后以实践活动为主的教育场所。——译者注

从这些数据可以看出，那些整日看护孩子的大人们都普遍感到，缺乏忍耐力与合作精神的孩子正在不断增加。认为心灵脆弱、没有上进心的孩子正在不断增加的人也占了一半以上。

这也就解释了直到自己长大都没有具备非认知能力（具体请看第 3 章）的孩子会越来越多的原因。而这种非认知能力的缺失也导致了经营者以及管理人员不知如何对待如今年轻人的棘手问题。

9. 小学生暴力事件超过高中生

孩子们没有忍耐力、没有合作精神、过度以自我为中心、不具备基本的生活习惯，使得幼儿园的老师对此很是担忧。而这些孩子早晚会升入小学，面对他们的小学老师同样辛苦。当然，如果从孩子的角度来说，去适应校园生活显得尤其困难，所产生的焦虑甚至会催生暴力行为。

越来越多的学生在刚升入小学后因为无法适应新环境而引发各种问题。从小学生暴力行为暴增的现象可以看出其对冲动的控制能力的低下。

文部科学省[①]2017 年的调查显示，教育机构的学生发生暴力事件的次数为 63325 次。具体来说，小学共发生 28315 次，初中共计 28702 次，高中共计 6308 次。由此可以看出，初中

---

① 文部科学省（英文简称 MEXT），前身为文部省，是日本政府行政机构之一，负责统筹日本国内教育、科技、学术、文化及体育等事务。

发生暴力事件的次数最多，但小学发生暴力事件的次数不仅与初中齐平，甚至达到了高中的 4.5 倍之多。

实际上截止到 2011 年，小学发生暴力事件的次数比高中少之又少。2012 年起小学暴力事件的发生次数开始增加，最终在 2013 年超过了高中。从 2015 年开始逐年猛增。2017 年，小学暴力事件的发生次数就与高中拉开了 4.5 倍的巨大差距，并仍在逐年猛增。

一旦事情不顺心，就施以暴力，这样的小学生正不断增加，且增长速度已经到了惊人的地步。

从这类学生的现状来看，孩子们对于冲动的自控能力正不断下降是显而易见的。

10. 自控能力不强的孩子们

不只是暴力事件，近来孩子们对于冲动的自控能力的缺失已经到了不可轻视的地步。如"小一问题①"：很多孩子因为适应不了从幼儿园到小学的转变而摔跟头或遇到挫折，这成了一大问题。

他们中有的在上课期间或离开座位走动，或跑到教室外边，又或者在课上吵嚷打闹，骂前来阻止的老师，甚至施加暴力。

幼儿园教师以及课后托管班的相关人员所担忧的，"忍耐力差的孩子越来越多"这类问题，正在以这种"适应不了新学校"的形式展现着。

事实上，在接受学校教育之前，在家庭里没有经受过严格

①小一问题：小学第一学年的学生因不适应校园生活而出现的各种问题和行为。该说法在 1988 年由新保真纪子提出。2010 年左右起，日本采取了一些幼儿园、保育院与小学的协同合作措施，以防范此类问题，保证升学的平稳过渡。

管教的孩子正在不断增加。所谓的"人"，本来就容易偏于安逸。"夸奖式教育""非批评教育"的风潮更是使得大多数的孩子在上学之前没有一点社会性的体验。

因此，从以快乐玩耍为主的幼儿园或保育园升入到集中学习的学校，这种转换让孩子们一时很难适应。

根据东京学艺大学的调查，"小一问题"发生的原因有三个，分别是"家庭管教不足""儿童不具备自控能力"以及"儿童以自我为中心的意识强烈"，而"家庭管教不足"则是首要原因。

作为对于这些问题的应对措施，探索研究能够让孩子更快乐的上课方式的做法一时成为风潮，并得到了鼓励和提倡。但问题真的在"课堂"上吗？

孩子们不会控制冲动情绪，无法抑制自身感情，没有自制力，做事情一切以自我为中心，根本不会站在对方的角度思考问题，也根本不会体谅对方的心情，结果跟别人交流都成为一大难题。如果忽视孩子自身这种缺乏社会性的主要原因，那么即使在授课上打造"快乐课堂"，即使老师更加亲切地对待学生，都既不能提高孩子自身的自控能力，也不能促使孩子尽快地适应社会。

自控能力不强，是因为自身非认知能力（在后文中进行详细说明）未得到发展的结果，而且与他们成为大人后的不良倾向有着密切联系。

11. 不再教孩子学会忍耐的教育

育儿杂志、育儿网站经常拿夸奖孩子的方式大做文章。我也经常接到这类主旨的采访邀约，但我认为"只要让孩子高兴就行"的理念极其危险，也曾就此理念向社会大众敲响警钟，然而想改变整个社会的风气又绝非易事。

2015 年，我以 20 岁左右的大学生以及 30 岁到 70 岁的社会人士为对象展开调查。调查结果显示，自称"从小学开始就经常被老师表扬"的人数占比，30 岁以上的人占 37%；与此相对，大学生占比达到 53%，约是 30 岁以上人数占比的 1.5 倍。

在父母对待子女的态度方面，称"自己的父亲对待自己非常严格"的人数占比，30 岁以上达到了 43%；大学生的占比仅为 32%，人数较少。称"自己的母亲对待自己非常严格"的30 岁以上人数占比为 51%；大学生则是 40%，同样人数较少。随着"夸奖式教育""非批评式教育"的想法逐渐被人们接受，所谓的"严格"的标准也发生了变化，所以在现实社会中，父母的态度的差别应该是远远大于上述数字的。

其证据便是，称自己"经常被父亲表扬"的人，在 30 岁以上的人中占 20%；与此相对，大学生占了 34%，是 30 岁以上占比的 1.5 倍以上。称自己"经常被母亲表扬"的人，在 30 岁以上的人中占 36%；与此相对，大学生占比 61%，甚至大大超过了 1.5 倍。

我曾写过《夸奖式教育会毁掉孩子》一书，以此来向这个时代的浪潮提出质疑。书名看似极端，但目的是为人们敲响警钟，警示"夸奖式教育"的危险性。

总而言之，就是所谓的"夸奖式教育""非批评式教育"在使父母省心省力方面作用极大，却对孩子的成长毫无用处。说是夸奖孩子会提高孩子的自我肯定意识，实际上孩子的成长一直在走下坡路。如今的社会上，心灵脆弱的年轻人、忍耐力差的年轻人、不思进取的年轻人到处都是。

欧美社会形势严峻，个体与个体之间非常独立，如果尽不到自己的义务或发挥不出自身能力就会被社会淘汰。而与之相反，日本社会的民众在心理上存在一体感，能完全接纳对方。所以欧美社会情况下的夸奖，与日本社会的夸奖在意义上完全不同。因此，今后锻炼孩子的内心，增强孩子的承受能力是非常有必要的。我的这本书的概要总结起来就是以上内容。

12. 反思夸奖式教育

曾经有一项国际性的比较调查，专门研究"父母对子女的期望"问题。

在这项调查中，强烈希望自己的孩子"要乖乖地听父母的话"的，法国父母占比为 80.1%；美国父母占比为 75.2%，接近八成的比率。与此相对，日本父母的占比明显偏低，仅为 29.6%。欧美的父母认为孩子本应该顺从父母，听父母的话；而在日本，这么想的父母只不过是少数派，且极为欠缺"让孩子学会忍耐"的观念。

关于父母对于孩子"在学校取得优异成绩"有多么期望的问题，表示"非常期望"的父母，法国占比 70.1%，美国占比 72.7%。而与此相对，日本父母占比仅为 11.9%，这项比率明显又是偏低。欧美的父母对于孩子取得优异成绩表现出非常高的期待，而日本的父母则好像觉得不顾一切地强迫孩子是不好的，要让孩子有充分的自由。

在 2001 年，也就是如今的 16 岁到 29 岁的年轻人刚开始接受家庭教育或正接受着家庭教育的年份，我进行了一项调查。结果显示，针对"你想成为什么样的父母"这样的问题，回答想成为"无话不谈的知心朋友似的母亲"所占比率最高，高达 83.2%；位居第 2 位的是想成为"尽可能尊重孩子自由的父亲"，比重为 82.8%；位居第 3 位的是想成为"尽可能尊重孩子自由的母亲"，所占比重为 79.2%。

从这几项数据中，完全看不出要锻炼孩子、让孩子在社会的浪潮中立足的强烈愿望。

在此，让我们来看看欧美那些怀抱着强烈愿望，试图作为强大的掌权者支配孩子，督促孩子社会化的父母。

《法国孩子从不夜里哭闹》^①一书曾在日本大为畅销。书中介绍道，对法国父母来说，严格的家庭教育是一件非常自豪的事，法国的父母普遍认为父母是子女的绝对掌权者。而且，"想要培养能够控制住自我冲动的孩子"的观点在接下来的记述中也可见一斑。

---

① 作者帕梅拉·德鲁克曼，本书名由日文直译过来，该书的中文版译名为《法国妈妈育儿经》（中信出版社）。——译者注

"法国人并不认为婴儿必须忍受不合情理的痛苦。但他们也不认为欲望得不到满足的话，孩子就会崩溃。相反，他们相信，些许挫折会让孩子的心理更加稳定。

"法国父母从不担心让孩子的欲望得不到满足会给孩子心灵造成伤害，正相反，如果孩子不能妥善处理欲望得不到满足的情况，他才会受到伤害。法国父母将忍耐'欲望得不到满足的情况'，视作人生的核心技能。

"法国专家、父母认为，孩子们需要通过一次次地听到'NO'这个词，来摆脱自身欲望的魔爪。"

他们认为像这样的严格教育，能够使孩子充分体会到世界并不是围着自己转，即使欲望无法得到满足也要忍耐的道理，能够让孩子在并不能事事如意的现实中顽强生存。

这可以说跟日本现在"不要伤害孩子的心灵""让孩子保持好的情绪""夸奖式教育""非批评式教育"的风潮完全相反。

美国教育家多萝西·劳·诺尔蒂与美国心理学家雷切尔·哈里斯合著的《好父母才是好老师》，在日本也极为畅销，被认为是一部鼓吹"夸奖式教育"的著作。但仔细阅读的话，会发现与其说作者在鼓吹"夸奖式教育"，不如说作者提倡的是"用语言赞美的同时，要有充满爱的严格管教"。

作者也提了几点建议。比如，自己的孩子伤害了别人，故意毁坏别人物品的时候：

"首先应毫不犹豫地对孩子说'明知道会发生这种事却故意去做，这是绝不允许的'，然后，必须让孩子去反思为什么会出现这种事，让他们因为做了这种事而感到羞耻。有必要时，可以施加相应的惩罚来让孩子不会再犯同样的错误。"

作者还指出，让孩子学会严格做到遵规守约是欧美式的育儿教育之本。

"在家庭内部让孩子学会遵守规则对于孩子将来成为社会的一员、在社会上立足来说是非常重要的。"

"最重要的是注意不要让孩子以为只要能得到父母的同情就可以为所欲为。"

像这样，欧美父母提倡的育儿方式与日本父母向孩子妥协的方式完全相反。

由此看来，"夸奖"在形势严峻的欧美社会与关系和谐的日本社会具有完全不同的意义。

为了孩子的将来，日本以前也曾横下心来严格教育孩子，以求让孩子在任何严峻的情况下，都能勇于开辟属于自己的道路。然而，大约自 20 世纪 90 年代起，教育评论家开始无视同欧美之间的文化地域差异，只是因为美国开始推行夸奖式育儿方式，就在日本掀起了"夸奖式教育""非批评式教育"的浪潮。

出于以上原因，导致缺乏教育性关怀的宠爱孩子的育儿方式风行一时，不仅无法锻炼孩子的韧性，也没能提高孩子的自我控制能力。

第 2 章

人们对早期教育的错误认知

1. 媒体上大力宣传的早期教育

　　如今正是早期教育盛行的时代。早期教育，即面向婴幼儿的、以潜能开发或预先进行学龄前教育为目的的教育。近来，很多孩子都在上辅导班、兴趣班，甚至不少孩子早在升入小学之前，每周就要接受 3 天到 4 天的辅导。

　　对此，对自家孩子品德培养、教育方面持有严谨态度的父母一定会产生疑问：送这么小的孩子去辅导班、兴趣班真的好吗？是不是应该给他们更多自由玩耍的时间？现实中，我时常接到类似的咨询。

　　他们反映，每每看到周围的孩子都在上辅导班、兴趣班，就会害怕自家孩子输在起跑线上。尽管自己内心有种种疑惑，但还是选择让孩子去上辅导班。

　　社会上，从事儿童生意的人也千方百计地向孩子父母们灌输早期教育的思想。通过社交媒体平台，传播一些诸如"孩子这么优秀都是多亏了早期教育"之类的早教经验，发一些故意渲染"人人都让孩子接受早期教育"的气氛的信息。由于到处都是此类信息，如果没有非常坚定的信念，是很难拒绝早期教育的诱惑的。

更有甚者，他们引用心理学家、教育学家、脑科学研究者的言论，说一些"不尽早让孩子接受智力刺激就等着后悔吧"之类的话，煽动孩子父母的不安情绪。

我在带孩子的时候，也经常会收到诸如此类的传单、邮寄广告。甚至还有："**您孩子的教育从 0 岁就已经开始了哟**"之类的邮寄广告，推销从 0 岁开始的儿童早期教育。之所以记得这么清楚，或许是因为推荐者那一栏里写着和我同行的某教育心理学家的名字。

幸亏我也是从事教育心理学的研究的，不然一定会感到些许焦虑。毕竟这帮人采用的营销战略是如此精巧。不过，作为教育心理学学者，我通晓这方面的情况，因此并没有急切地让孩子接受早期教育，而是继续放任孩子自由玩耍。对于这些营销信息也只是付之一笑："竟然让这种宣传给盗用了名字啊。"

我家孩子的很多朋友都去各种辅导班、兴趣班学习，因而他身边的玩伴总是随着时间的不同而不同。我由于工作性质的关系，不仅周末，平日里也有不少闲暇时间。因此便经常带孩子们去街上走走或去大自然中转转，一起玩个够。那时，幼儿园的园长这样夸过我家孩子：

"这孩子总是活力满满地到处玩耍，是我们幼儿园里最符合孩子天性的孩子了。"

现在想想，那真是满满的快乐回忆。

2. 早期教育真的有效果吗？

早期教育到底有没有效果呢？想必很多人很在意这一点。

学习也好，艺术类、体育类的兴趣班也好，都是依照精心设计的教材、流程，由热情的讲师、指导人员组织实施的。因此，除了个别的不靠谱的机构之外，效果还是有的。

就拿早期教育的辅导班来说吧，在周围的孩子读不懂儿童绘本，还需要大人读给自己的时候，通过早期教育学习识字的孩子已经能自主阅读了。在辅导班上过算术课的孩子，在别的孩子还不会算术的时候，就已经会加减运算了。

英语会话班也是如此，只要学到一些简单的单词、表达方法，他们就能在周围的孩子根本听不懂英语的时候学会说了。

在这层意义上，必须承认早期教育确实具有一定的效果。但是，我们因此就应当让孩子尽早学习吗？也并非如此。

在此，必须慎重考虑早期教育的意义。效果与意义是完全不相干的两码事，千万别把二者混同起来。

比如，就算自己的孩子在周围孩子还不会识字的时候就会识字了，这其中又有多大的意义呢？毕竟上小学后谁都会识字的吧。

就算自己的孩子在周围孩子还没学算术的时候就已经能加减运算，这其中又有多大的意义呢？上小学后，那种程度的算术谁都能掌握吧。

就算自己的孩子在周围孩子对英语一窍不通的时候，因为上了英语会话班，已经会说"hello" "thank you" "my name is ××"等基本会话，这其中又有多大的意义呢？无论是谁，早晚都能掌握吧。

也许，接受早期教育的孩子会产生"别人做不到而我可以"的得意的心理。可是，他们总有一天会被其他人追上的。上学后，在被其他孩子超越，特别是没过几天就被有天赋或热爱学习的孩子超过时，孩子们又要怎样在心中平衡上学前周围朋友的自由玩耍与自己永无休止的补习呢？

由于这些接受早期教育的孩子小时候没有和朋友尽情地玩耍，也没有按照自己的兴趣意愿自主行动的经验，所以不能掌握人际交往能力，也不能培养自控力和主动性。

相反，那些自由自在、没有接受早期教育的孩子，虽然刚入小学时学习能力低下，却能够在接触各种学习后产生兴趣，逐渐能学好自己喜欢的科目，学习能力进一步提高的话，必然会一鼓作气逐渐追上同龄的伙伴。

悠闲地玩耍，积极地与伙伴接触，尽情地做自己想做的事，这样的孩子是极具生命力的。他们在朋友们的支持下快乐地度过每一天，在迫于需要的时候能够迸发出拼搏力量，在面对或大或小的困难时也能够培育出心理承受能力。

3. 比尽早让孩子开始学习还要重要的事

常有人说，为了不让刚升入小学的孩子受挫，起点是非常关键的，只有让孩子提前学习小学要学的内容才能赢在起跑线上，才能让孩子充满自信，使孩子之后的学习更加顺畅。这些话也有一番道理。

即便同样坐在教室里听课，孩子如果完全无法理解老师的话和板书的内容，也无法理解朋友们的发言，是很难适应学校生活的。

不过，学校的课程是为适应孩子发展量身定制的，并不会让孩子突然陷入对校园生活极度不适应的境地。

有的孩子在初次做某事或到了不熟悉的场合时会过度紧张，有的孩子一旦遇到不会做的事便失去自信，有的孩子事前准备不充分就会感到焦虑、恐慌。如果孩子属于上述情况的话，就需要父母协助他们去适应新环境。

比如，父母可以让孩子逐步地进行课前预习。孩子通过提前浏览课本知识、倾听父母的讲解，就能够比较顺畅地理解课上老师的讲解了。通过预习，孩子也能够从对未知情况的过度紧张中解放出来。

不能及之事，因准备不足而导致发挥失常之事，事与愿违之事……在成长的道路上，每个孩子都会积累这些痛苦的经验教训。我们要让孩子认识到，即便有再多的困难，都要积极向上，努力奋斗。

因此，比尽早让孩子开始学习还要重要的，是让孩子尽早掌握这些能力：克服困难与挫折的精神力；不擅长的事情也要尽力做好的热情；不去因为做不到的事而耿耿于怀，而是转换心情为能做到的事倾尽全力的乐观心态；在做自己喜欢或感兴趣的事时能够高度集中注意力的能力。

也就是说，在人生道路上披荆斩棘时能够遵从本心、不屈不挠，这才是人必不可少的能力，也是幼年时期必须着重培养的能力。

而这种早期教育不去培养孩子的求知欲，让孩子主动理解、主动去做成一件事，而是不明所以地教给孩子知识，授予孩子技能，让他们记住。这种教育怎么想都不会有利于孩子学习意愿的提高。我们应该去培养孩子的求知欲，让孩子主动理解、主动去做成一件事，并培养孩子在有主动的想法时能够积极主动地去调查和学习，这才是最重要的。

可以说，上辅导班的普遍化只会导致孩子的学习热情不增反减。而目前，学生缺乏学习意愿、学习成绩不断下降的现状正饱受诟病。

由此看来，尽早让孩子接受早期教育并没有多少好处。

4. "至少先学会英语口语"思想的危险性

坐电车时，到处都能看到"英语口语"和"脱毛"的广告。

因为高考中，英语会话能力受到了重视，且在小学里英语就成了一门正式学科。那些英语口语培训班抢先看到这种趋势并大力宣传，父母们受其鼓动，纷纷选择让孩子学习英语口语。于是，英语热潮愈演愈烈。

然而，如果盲目听信这种赚孩子钱的商家或是英语口语培训机构的广告词，可能会吃大亏。因此，我们必须要多加小心。

之所以这么说，是因为在英语教育学界中普遍认为所谓的"英语学习，早学早会"不过是人们的幻想。因为只有母语学得好的孩子，学习英语才会更有成效。因此，同声传译第一人岛饲玖美子等大多数的英语教育界的专家反对让孩子从小学就开始学习英语。

从认知心理学的观点出发，构筑好母语体系才是学好外语的基础。

加拿大多伦多大学双语教育专家吉姆·卡明斯教授也认为，母语能力是外语学习的基础与支撑。据他的团队以在多伦多居住的日本小学生为调查对象的研究显示，只有那些在母语方面有着扎实的读写能力的孩子，移居到加拿大后才能很快拥有和当地孩子同等的读写能力。而与此相对，在很小的时候，还没熟练掌握母语就移居到加拿大的孩子，虽然相对而言能迅速学会发音，但却怎么也掌握不了读写能力。

这是因为关系到学习效果的并不是发音或会话能力，而是读写能力。从这个意义上讲的话，想要牢固掌握课程学习用的语言能力，即学习用语言，可以明确的是，与孩子小时候相比，在孩子大些时（五、六年级）才最适合移民。虽说很小的时候移民的孩子，很快就能学会日常会话，但在掌握学习用语言方面却有障碍，渐渐也就跟不上课程的进度了。

尤其重要的是，要区分开日常会话中使用的交流用语言与学习中必须掌握的学习用语言。虽然掌握交流用语言能够熟练应对日常会话，但是仅凭此却很难顺利地进行课堂学习等获取知识的活动。

在母语学习方面，就拿日本人来说，在英语口语上花费了太多的时间和精力，却疏忽了日语的学习。只因"我家孩子能用英语和美国人对话"而喜形于色，殊不知这样成为不了精通双语的人，反倒成了两种语言只掌握一半的"半双语者"，恐怕之后在学校里也跟不上课堂的进度。

而这里所谓的"半双语者"，指的是那些在日语能力与英语能力两方面都掌握得不彻底的人，他们使自己的语言失去了本应作为思考的工具的作用。

也就是说，半双语者无论是英语还是日语，就算说得再流利，也无法将其作为一种思考的工具和一种学习用语言来加以掌握。故而他们不仅跟不上学校的进度，甚至无法表现自己内心细腻的思考，更无法理解那些抽象的讨论。如此一来，不仅读不懂专业性的书，能选择的职业也会受到限制。

日本人是用日语来思考的。因此，如果不先锤炼自己的日语能力，头脑就会变得无法思考问题了。

5. 英语好的孩子头脑聪明吗？

父母为何竞相让孩子学习英语口语？也许只是由于父母觉得会说英语的孩子很帅气，头脑很聪明。这其中有着很深的误解。

日本人容易误将掌握英语口语等同于学习好，如果将其替换成日语口语的话，就应该能意识到其中的误解了。

比如，并不是所有爱说话的孩子学习都好。也没有人会因为这个孩子会日语，能够流畅地用日语和朋友交谈，就说"这个孩子真厉害""这个孩子真聪明"之类的话。

实际上，过去确实是英语好的孩子学习成绩也好。这其中也存在着父母用他们过去的经验来判断而导致的误解。

对于以英语会话形式为主的英语课，似乎很多人都觉得挺好。然而，这会导致英语课的学习无法锻炼孩子的头脑，变成了单纯让学生掌握说话技巧的课。这种课堂活动与学习的初衷大相径庭。

在过去的英语课上，孩子们能够经常读到英语文学、文化评论，然后，通过理解原文将其译成日语。在这个过程中，他们能运用自己所学的英语、日语知识，最大限度地发挥通过日语锻炼出来的阅读、理解能力，从而达到加强语言能力的目的。

人类是通过语言进行思考的，所以锻炼人的语言能力能够提高人的思考能力。进一步来讲，通过理解文学作品以及文化评论的内容，能够提高自己的文化修养。这种英语课的学习才是真正能锻炼学生脑力、提高学生智力的课。

正因如此，过去英语好的孩子，其他科目的成绩都很好。

像这样，读英文然后翻译成日语的英语课成了学生综合运用知识和思考能力、锻炼孩子智力的课。而英语口语课则很难做到这种智力上的锻炼。

如果贯穿小学、初中、高中的英语课都用来练习学会日常会话，孩子即便参加这些训练，其英语水平也不过是英语为母语的孩子从出生到幼儿期所能掌握的程度而已。

在脑力快速发育的幼儿期，为了这种程度的训练活动而花费宝贵的时间和精力真的好吗？

英语学者渡部升一在《英语的早期教育·公司内部通用语有百害而无一利》一书中提到："而今有一只妖怪在日本徘徊，这只妖怪名叫英语教育。"以此来警告近来重视英语口语的风潮。

荣获诺贝尔物理学奖的益川敏英博士，也对最近流行的这种过分看重英语的风潮提出了质疑。

"最近我们国家也不知为什么对英语这么狂热，实在是不可思议。（中略）做学问最重要的是'玩'的心态，并不是死记硬背教科书就行。自己创造问题，自己解决，因为自己深入的理解而感动。然后在这种体验的基础上，再去真正地喜欢上物理、数学。在这个过程中集中精神去感觉，去细细品味。总而言之，这种锻炼就是向往某事，并为之燃烧热情。"

"在年轻的时候就为英语所困扰的话，又是否感觉到自己空余时间在不断减少呢？就算最后掌握了四种技能（原注：听、说、读、写），结果反而疏忽了专业领域的学习的话，那就得不偿失了。因为英语毕竟只是向他人传递信息的工具，只是一种手段而已。"（《朝日新闻》2014 年 11 月 26 日）

那么，很多父母可能会奇怪，既然只是工具和手段，为什么高考会那么重视英语口语，小学又为什么把英语列入正式科目呢？可能正是因为这些动向，才有很多父母相信"尽早让孩子学习英语在孩子的教育上会大有用处"的吧。然而这毕竟关系到自己孩子的未来，父母应当慎重考虑。

学习市场营销专业的学生经常说一些混淆视听的话，比如：把产品卖给没有需求的人是营销的一大乐趣。对此，我也提出了质疑：这种思考方式真的能让人过上无悔的、积极向上的人生吗？然而，商业本就是在如此价值观的指导下运行的。

养育子女的父母们在商界肯定都接触过这种市场战略，但是，还是有必要对这种做儿童生意的市场营销战略投以质疑的目光。

6.和父亲玩耍的收获

　　我由于工作性质的关系，在时间分配上相对比较自由。另外，因为家庭原因，我不仅需要在傍晚或休息日带孩子出去玩，必要时还要带着孩子上班、出差。虽然是孩子的父亲，但我承担起了照顾孩子的重任。其实早在当上父亲之前，我就写了《工作繁忙的父亲需要阅读的夫妻、亲子心理学》（日本实业出版社）这本提倡父亲参与育儿工作的书。

　　写这本书，是因为我在和那些不上学或遭遇家庭暴力的孩子打交道时，或是和立志要当教师的学生探讨那些不上学或遭遇家庭暴力的孩子不适应教育环境的问题时，我深深感到，由于母子的亲近感，再加上心理上的父爱缺失，导致了家庭中"父爱缺乏，母爱泛滥"的问题。针对这种现状，让孩子去感受父爱的注入显得十分必要。然而，这本书的出版是在30年前，而且也并没能形成推力，推动父亲参与育儿工作。

　　如今，虽说参与育儿工作的父亲人数有所增加，但实际上，要说父亲以何种形式参与育儿工作，"给孩子洗澡"和"陪孩子玩"占了绝大多数。在这样的真实情况下，有些人批判说：虽然父亲参与了育儿，但也只是陪孩子玩耍而已，并没有多大效果。

但这些批判的人忽略了非常重要的一点，那就是在培养孩子非认知能力的过程中，"玩耍"充当了非常重要的角色。

灵长类动物学家山极寿一在关于大猩猩父亲在育儿中所充当角色的研究中，有以下叙述：

"在大猩猩的社会中，存在父亲这一角色，与人类的家族持有很多共通的特征。"

"雄性大猩猩并不会在育儿上非常用心。它们对新生儿漠不关心，在孩子刚生下来的 1 年内，雌性大猩猩也不会让孩子接近雄性大猩猩。就算在孩子开始依赖雄性之后，雄性大猩猩也不会主动地去接近孩子。只不过它对孩子极其宽容，如果孩子过来找父亲，它也不会拒绝。它允许孩子在它附近觅食，允许孩子在自己身上玩耍，在孩子们打架时充当裁判角色，另外还要驱逐外敌。与其说他们是教育者，不如说是明智的监护人，充当孩子玩伴的角色。"（以上出自山极寿一文章《家族的自然志——早期人类的父亲形象》）

看到这些记述，是不是感觉这跟我们人类社会的父亲所表现出的态度很相似呢？人类社会的父亲正因为与孩子保持一定的心理上的距离，才能更加冷静地应对出现的各种问题。作为父亲，与其为身边琐事操心，不如同孩子一起玩耍，在孩子们打架时充当裁判，通过教孩子处理同小伙伴的关系，给孩子的成长注入必要的社会性。

"在人类社会中，孩子的成长期比起大猩猩要长得多。成长期的孩子需要通过接触母亲以外的团体成员来使自己社会化，而父亲的角色则显得尤其重要。父亲作为监护人，通过与孩子保持适当距离，使自己的孩子从母亲的影响中脱离出来，让孩子学会与其他孩子平等地相处。在这方面，父亲这一存在恰到好处。（后略）"（选自山极寿一文章《家族的自然志——早期人类的父亲形象》）

虽然常常会被指责说父亲只是带着孩子玩罢了，但是孩子就是在与父亲的交流互动中，学会了在社会中生活需要注意的重要的大事。

心理学研究显示，心理发展水平高的孩子都经常跟父亲一起玩。研究结果还显示，经常跟父亲玩的孩子情绪稳定性、社会性、主动性都普遍高于其他孩子，并且父子玩耍这种行为会给 3 岁幼儿的情绪和社会性发展带来积极影响。

比如，我们知道父亲不会对孩子百依百顺，会告诫孩子哪些事情坚决不能做。这些行为都会对孩子的成长产生积极影响，但这种影响源于父子玩耍时的交流互动。

研究进一步指出，那些只有父亲才能带孩子玩的充满活力和动感的游戏，可以让孩子一时脱离与母亲的二人关系，建立起新的人际关系，从而有效地刺激孩子去扩大自己的生活范围。可以说，通过和父亲一起体验这些运用肢体的游戏，可以让孩子学会克制自己，并且妥善处理来自他人的攻击性的行为。研究报告还指出，如果父亲对孩子的情绪十分敏感，并且能在游戏中激发出孩子渴望挑战的情绪，他的这种态度将对孩子的成长产生积极影响。

关于父子间玩耍的技巧这一问题，人类学家河合雅雄指出：

"大人需要通过故意放水来制造与孩子实力相等的环境，父亲如果特意输掉游戏，但却表现得过于明显的话，孩子即便赢了游戏也会心生不满，甚至会因为感到无聊而放弃游戏。所以与孩子玩耍，是非常考验大人的演技的。"

与其说是演技，不如说是去想象和体会孩子的感受。而且为了让孩子在游戏中感到兴奋，得到满足，有必要在做游戏的时候手下留情。这种迎合他人的做法，作为生活在社交文化中的日本人再擅长不过了。

实际上，好像那些生活在以自我为中心的文化中的欧美人在陪孩子玩的时候，很难做到使玩耍符合孩子的成长状况。很多日本人看到欧美的大人同孩子玩耍的场景时，会感到他们并不擅长迎合孩子的情绪。而生活在社交文化中的日本人，则能从孩子的角度看问题，时刻注意自己的言行。

夫妇二人之间互相称呼"孩子他爸""孩子他妈"，祖父母间互相称呼"他爷爷""他奶奶"，很明显这是从孩子的角度来称呼彼此的。拥有这种心理倾向的日本人，将自己置身于孩子的立场，去想象孩子的所思所想、所感所悟，这样就习惯于跟孩子玩耍了。

日本的父亲十分擅长与孩子玩耍，在这一点上，我们可以多一点自信。

7. 在玩耍中掌握社交方法

　　随着这种以提高孩子智力为目的的早期教育的流行，同样引人注目的还有孩子人际交往能力下降的问题。最近，所谓的"蛰居族"的人数已经超过 100 万的话题引起了广泛关注。越来越多的年轻人虽没到"蛰居族"的地步，却已经深感与人交际之难。我在讲课时接触到的学生中，也有不少人表示与人交际太过费神，以至于感到疲惫。总而言之，很多年轻人不知道如何与人保持距离，也可以说是患上了"与他人距离失调症"，处于不良的心理状态中。

　　与对方关系的亲密程度不同，需要与对方保持的适当距离也不同，但是我们很难调整好社交的最佳距离。因此，如果在刚认识不久就过于缩小与对方的距离，反而会引起对方的戒备心理；与此相反，如果无论过了多长时间都没有想过缩短距离，一直都非常客气的话，则很难让自己与对方的关系更加密切。

　　我曾做过这方面的学生心理咨询，从中我深深感受到，升入大学后再想去掌握保持社交距离的方法可谓是难上加难。因为掌握保持社交距离的方法并不像在学校学习一样，是老师教就能教得会的，而是在从小与朋友玩耍的过程中逐渐掌握的。

如果没有这种学习如何掌握社交距离的经验积累，长大步入社会后，即使知道人际交往能力的必要性，却也无法立即掌握保持适当的社交距离的方法。

有些学生不擅长跟比自己年龄小的人相处。他们一年级的时候在社团过得很开心；但等到了二年级，因为会有新的学弟学妹加入进来，总是会感到拘束，更有甚者因此退出了社团。也有同学觉得如果这样发展下去，自己步入社会后会非常苦恼，所以找我来谈话，说是很难把握和学弟学妹相处的适当距离。

与此相反，有的学生苦于跟比自己年长的人交流。他们爱帮助学弟学妹，在低年级同学面前毫无拘束，落落大方；但如果换作学长的话，会因一时不知该如何相处而感到拘束，在前辈面前紧张痛苦不堪。他们的问题是无法把握与年长的人相处的适当距离。

无论是哪一种学生，这种无法把握与人之间相处距离的问题，多是由小时候缺乏玩耍的经验导致的。

在过去，附近的孩子自然形成的玩耍的小团体发挥了很大的作用。无论是关系好的孩子还是关系不好的孩子，都能凑到一起玩耍。因此在日常生活中，孩子们就能体验到在各种距离感下的与他人的联系。而这种体验一直伴随着孩子成长。

另外，因为附近孩子组成的玩耍团体包含各个年龄段的孩子，因此日常生活中不可避免地与比自己年长或年龄小的人打交道，也就自然而然地学会用不同的角度与相应的态度与人相处了。

如今，孩子们只会跟与自己合得来的几个人凑在一起玩耍。这种状况使得他们无法从日常生活中体验到各种各样的人际关系，也导致越来越多的孩子把握不好与他人之间的距离。

在人们狂热地追求早期智力教育的时候，可能会丧失在社会上生存所需的重要的与人交际的能力，这是尤为致命的。但不得不说，这种事情已经在发生了。

8. 在玩耍中培养孩子的非认知能力

　　不少父母担忧自己家孩子注意力不集中的问题。这也意味着，父母想让孩子在做事时更加专注，而孩子却无法很好地集中注意力。不过即便是这样的孩子，在做自己喜欢的事情的时候是否也无法集中注意力呢？

　　比如经常会发生这样的事：父母让孩子从小就上各种辅导班、兴趣班，结果让孩子预习或复习时他们毫无干劲，也无法集中注意力。但当孩子和朋友一起玩时却能忘我地玩耍；带孩子去游乐园，他们能不知疲倦地四处游玩；再如带孩子去郊游，孩子即使走累了也能咬着牙坚持到最后。

　　只要是孩子喜欢的事、感兴趣的事、有趣的事，孩子就能集中注意力。而在孩子幼年时期，这方面经验的积累至关重要。幼年时期肆意玩耍的孩子，长大后能够在必要时努力拼搏，这很大程度上是因为他们在小时候就能在做事时集中注意力。

　　常听到有孩子父母叹着气说，自己家孩子缺乏主动性，什么事都不想自己主动去做，他们很是为之烦恼。据他们说，如果不是啰里啰唆地提醒孩子的话，孩子就不写作业；在考试前需要复习的时候，孩子们也从不主动学习；在找工作的时候，周围人不劝上两句，孩子们就会整日优哉游哉不主动行动去找工作。

这也与孩子在小时候缺乏主动去做一件事的经验的积累有关。对于孩子来说，玩耍就是最具有主动性的行为。在大部分情况下，去上辅导班或兴趣班，或者是预习与复习课程等，对孩子来说都是缺乏主动性的，不过是按照父母说的做而已。

要想让孩子长大后主动地干一件事，就有必要让孩子充分积累这种主动行动的经验。孩子小时候往往被要求按照父母的要求做事，长大后突然让他自己主动做事时他反倒会不知所措。这是因为在孩子小时候，父母基本不允许孩子主动做事。因此，要想提高孩子的主动性，就必须让孩子在幼年时期尽情地玩耍。

关于什么是非认知能力，我将在下一章进行详细的解说。不过，我们可以说，孩子集中注意力的能力以及主动做事的能力是与智力完全不同的能力，这种能力是通过小时候玩耍的经验积累才掌握的。

9. 在人工智能时代，想象力变得越来越重要

今后将进入人工智能时代，无论是人们的生活方式还是工作方式都将发生巨大变化。这也间接导致了父母在培养子女方面的困惑：到底让孩子具备什么样的能力才能使其在将来过得更好？在此，请思考一下人工智能的短板是什么？

信息学家新井纪子曾参与"机器人能否考上东京大学"的人工智能项目，参与培养人工智能机器人"东 Robo 君"。她曾说机器人有做得到的事情，也有做不到的事情。

比如，我们知道日本教科书里一般把"织田信长""乐市乐座"（说到"乐市乐座"就必须提到织田信长对其发布的相关法令）的内容放到一块来讲，这种选择性的问题对机器人来说是很好回答的。不过，如果问到"城市的特殊日子里人们喜欢什么天气"的话，机器人却很难回答。基本上所有的人工智能语言都不过是通过查找语言样本，凭借统计性的数据做出恰

似妥当的回答而已。也就是说人工智能并不能理解语言的意义。

而这个"东Robo君"明明是个机器人，其成绩却能在高中三年级学生中稳居前20%。由此可以看到现在孩子们的一些问题，可以看出对于走向未来的孩子们来说什么是极其重要的能力。

根据新井等人的调查，现在有20%的中学生对教科书的内容根本做不到基础性的阅读理解，甚至连主语和宾语是什么都弄不清。另外还有大约一半的学生读不懂教科书的内容。这里说的不是英语，而是一般的日语教科书。

在此可以看出，人工智能的短板就在于不能深入理解其中意义，而这对人类来说却是非常重要的。而人要想做到这一点，就需要根据自己的亲身体验，发挥自己的想象力，掌握深入构建想象未知世界的能力。

"比如，观察蚂蚁窝长达数小时这件事。在孩子观察蚂蚁的样子时，会联想到自己的集体生活经验，幡然领悟到原来'角色分工'是这么一回事儿。如此一来，现实世界就与'角色分工'这一抽象概念联系起来了。如果没有这种以实际体验为基础的逻辑性的推理能力，就无法超越人工智能。"（《朝日新闻》2016年11月9日）

因此，新井告诉我们：人类要积累现实生活中的实际体验，拓展深入推理的能力。这是非常重要的。

在国立研究开发法人科学技术振兴机构中负责人工智能活用项目的荣藤稔也提出：如果把水放在机器人面前，机器人虽然能判断这是"水"，却无法理解"水能流动""水能喝"。（《朝日新闻》2016年11月9日）。

所以说要想做到理解，必然要亲身体验。

因此，在幼年时期就尽量丰富对大自然的体验，在大自然中尽情地玩耍是非常重要的。那不仅能让人学会集中注意力以及提高主动性，还能够使人将语言、概念与亲身体验相结合进行理解，有利于磨炼语言能力和感性认知。

可以说，过去的孩子们很自然地经历的那些事情，实际上是极其有意义的事情。

不仅是在自然体验方面，丰富人际关系方面的经验也是极为重要的。就像前文所指出的，孩子可以通过那些经验学会把握与他人的适当距离。通过丰富人际关系的经验，孩子能对别人的情绪产生共情，提高自己的洞察力，渐渐地就能提高自己的人际交往能力。除此之外，还能提高孩子对文章意义的阅读理解能力，但这一点却很容易被忽略。

10. 世界上千奇万妙之事尽在日常生活及大自然中

　　理解语言以及概念时应结合亲身体验，这是孩子智力发育中重要的一环。实际上，这也正是人工智能所不擅长的。

　　升入小学之后，孩子们将主要学习各种知识和思维方法，他们长大后需要运用这些所学来解决实际问题。而以玩耍为中心的日常生活体验将为这些日后的学习活动打下基础。因为对于幼儿期和儿童期的孩子来说，各种游戏玩闹正是一种体验式学习。

　　诺贝尔化学奖得主田中耕一也说过，上小学时，在自然科学课的实验中深受触动的一次经历，成了自己从事化学研究的出发点。实际上，坐在教室里学习知识之前，通过在户外游玩也可以获得各种深受触动的机会。当时或许不会有太多感想，但那些经历会在之后带给孩子极大的启发。

　　然而，近来孩子们被父母强制参加各种辅导班和兴趣班，导致极度缺乏生活体验和自然体验。

我开展了一项关于当代大学生生活体验的调查。结果显示，在木工方面，22%的受访者基本没有"使用锯子"的经验；16%的受访者基本没有"钉钉子"的经验。

在家务方面，37%的受访者基本没有"补衣服"的经验；34%的受访者基本没有"缝扣子"的经验；36%的受访者基本没有"手洗手帕或衬衫"的经验；12%的受访者基本没有"晾晒衣物"的经验；15%的受访者基本没有"自己煮饭做菜"的经验。

由此可见，一部分年轻人在成长过程中，过于疏于处理自己身边的生活小事。而这些生活小事恰恰可能启发人们，使人萌生出某些意想不到的点子。所以我们应当尽量拥有更加丰富的生活经验。

关于自然体验，我也进行了很多调查。在我1990年左右开展的调查中已经显示出，当时的年轻人在成长过程中缺乏自然体验的问题。试看当时的年轻人成长为父母后培育的如今的年轻人的数据，他们的成长过程中自然体验更是不足。

比如，与水有关的自然活动中，64%的受访者表示"几乎从未在海上或河里捕过鱼"（庙会或其他地方的捞金鱼活动除外）；52%的受访者表示"几乎从未触碰过活鱼（在水产店除外）"。

与植物有关的自然活动中，48%的受访者表示自己基本没有"播种、培育植物"的经历；41%的受访者基本没有"爬树"的经历；54%的受访者基本没有"从树上摘下果实"的经历。

与昆虫、小动物有关的自然活动中，48%的受访者表示基本没有"抓蚂蚱或捕蝉"的经历；48%的受访者基本没有"抓飞蝗或螳螂"的经历；72%的受访者基本没有"触碰蚯蚓"的经历。

此外，45%的受访者基本没有"玩泥巴（在公园沙地除外）"的经历；73%的受访者基本没有"用火焚烧枯枝落叶"的经历。

由此可见，曾经人人习以为常的自然活动，已经不知不觉地淡出了我们的生活。

大自然不会事事如人所愿，人生亦是如此。各式各样的自然体验将赋予人们熬过人生的艰难困苦所需要的忍耐力和智慧。而且，与自然的亲密接触能够培养我们细腻的情感以及沉住气等待的耐心，还能成为所有奇思妙想的源泉。

另外，2015年，国立青少年教育振兴机构发布的《高中生生活与意识调查报告》中提到，越是拥有丰富的自然体验的人越有自信。自然体验是否丰富与自我肯定感密切相关。

对于孩子心理发育有重大意义的自然体验如今正日渐匮乏，我们有必要想办法进行弥补。

11. 学习能力强的孩子的父母有共同点

　　2017 年文部科学省同时以小学六年级学生、初中三年级学生及其监护人为对象，在全国开展了一项有关孩子学习能力及学习情况的调查研究，并将结果整合出一份调查报告。从这份报告可以看出，学习能力强的孩子的父母，行动中都有一些相同的特点。

　　调查结果显示，孩子的学习能力与他们生活的家庭环境有着各种各样的联系。在此我想首先强调的是，家长越频繁地带孩子去能给予他们智力刺激的地方，孩子的学习能力就会越强。

　　举例来说，我们在调查中向家长询问了有关和孩子一起去美术馆、剧场影院、博物馆、科技馆、图书馆等文化设施的问题，结果显示，父母在这些活动中的参与度越高，孩子的学习能力就越强。

　　对于美术馆、剧场影院、博物馆、科技馆这类文化设施，虽然在学习能力强的孩子的父母中，表示"基本不带孩子去"

的也占将近三成；但表示"从未去过"的，在学习能力差的孩子的父母中，超过了五成，远远超过学习能力强的孩子的父母的比率。

与去美术馆、剧场影院、博物馆、科技馆相比，无论孩子学习能力水平如何，父母带孩子去图书馆都相对更加频繁。而孩子学习能力不同，"基本不带孩子去"或"从没有带孩子去过"的父母的比率也存在很大差距。学习能力差的孩子的父母"基本不带孩子去"的比率，是学习能力强的孩子的父母的1.5倍以上。学习能力差的孩子的父母"没带孩子去过"的比率，是学习能力强的孩子的父母的比率的2.5倍。而且，学习能力强的孩子的父母"每月带孩子去一次以上"的比率，是学习能力差的孩子的父母的近3倍。

由此看来，父母带孩子从小就去图书馆之类的文化设施可以激发他们对知识的好奇心。这样的经历不断累积，最终能够增强孩子之后的学习欲望。

这份调查还显示，家中藏书越多，孩子的学习能力就越强。家庭藏书量与孩子的学习能力之间的这一关系也颇有意思。

这里所说的家庭藏书不包括漫画、杂志、教科书、教辅书以及儿童图书。不过，即便是儿童图书，也可发现家中所藏数量越多，孩子的学习能力就越强。

对小学六年级学生的调查结果显示，家庭藏书量在 501 册以上的孩子学习能力最强，紧接着是 201~500 册、101~200 册、26~100 册、11~25 册、0~10 册，孩子的学习能力依次递减。

就算是初中三年级的学生也反映出同样的倾向，即藏书越多，孩子学习能力越强。

另一方面，人们普遍认为家庭藏书量与父母的社会、经济背景有关，这一推断也经此次调查研究被证明属实。父母的社会、经济地位越高，或者说父母的学历、收入越高，家中的藏书就越多。

不过，就算只看社会、经济背景相近的家庭，也可以发现家庭藏书量与孩子的学习能力密切相关。

换言之，不论父母学历、收入高低，就算只以情况相近的家庭进行比较，也可以发现家中藏书越多，孩子学习能力就越强。

如此一来，或许有人会误以为只要购买大量书籍回家，并将其放在孩子能够注意到的地方，就能够提升孩子的学习能力。

但实际上，我也时常听说，有的父母一边唠叨"要多读书""开卷有益"，一边给孩子接二连三地买书，结果反而引起孩子反感，最后孩子变得讨厌看书。大家或许都能想起一两个这样的人吧。

重要的不是书的多少，而是父母是否能以身作则，保持好奇心，在生活中渴望学习新的知识。

家中藏书越多，父母带孩子去文化设施的频率越高，孩子的学习能力就越强。综合这两点，我们可以看出父母对知识的好奇与渴求会影响孩子的学习能力。

父母渴求知识，经常阅读，家里的藏书就会越来越多；而且越是这样的父母，越会频繁地陪孩子一起去美术馆、剧场影院、博物馆、科技馆、图书馆等文化设施。父母的这种心理趋向，会为孩子提供充满智力刺激的生活环境。

这样看来，可以说要想提高孩子的学习能力，首先父母自身要对知识产生强烈的好奇心，并追求智力上的刺激。

第 3 章

幼年时期的教育与后期真实效果

1. 一位诺贝尔奖得主发现的幼儿教育的效果

常有人说，一个人童年时期的经历很大程度上会左右其未来的人生。

例如，孩子人格的发展，与其在婴幼儿时期能否同抚养人构筑良好的亲情纽带是息息相关的。若构筑得顺利，孩子就会信赖他人，自我接纳程度也高，能够形成稳定的人际关系；反之，则会情绪化，难以信赖他人，自我接纳程度低，长大后的人际关系也容易变得不稳定。

同样，孩子的智力发育也与童年时期的经历有密切的关联。

詹姆斯·赫克曼，美国著名经济学家，因劳动经济学领域的成果荣获 2000 年诺贝尔奖。他曾就"在什么人生阶段进行教育投资是最有效的"进行过调查研究。

研究结果显示，在上小学前，尤其是在婴幼儿时期进行教育投资效果最佳。依据之一便是在美国开展的 Bayley 学前计划。

在那里，以 Bayley 小学附属幼儿园的非裔贫困阶层的孩子为研究对象，检验了幼儿教育项目的效果（具体参照日本心理学会主编的《所谓的真正的聪明是什么——培育感性（EI）认知的心理学》，诚信书房；詹姆斯·赫克曼著，古草秀子译《幼儿教育的经济学》，东洋经济新报社）。

实验过程中，孩子们被分为两组。

第一组的孩子们，从3岁开始的两年时间内，每天上午（除节假日外）去幼儿园进行以初级幼儿教育或玩耍为中心的活动。并且，教师每周会进行1次家访，与孩子的父母共同探讨孩子的表现、发展，以及理想的教育形式。这是为了提高父母的意识，父母的意识对孩子来说也是一个重要的教育环境。

而另一组的孩子们，在两年时间内不会受到任何干预。

结果显示，在短时间内，受到干预的孩子们的IQ迅速提升，两组间出现了明显的差距。这与预想相符，证实了幼儿教育的有效性。

然而，IQ的提升并没有持续太久。长达两年的干预结束后，两组的差距渐渐缩小，到8岁的时候基本没有差距了。幼儿教育对于孩子IQ的提升效果，不过是暂时的。

那么，幼儿时期的教育干预一点意义都没有吗？不得不说，在IQ方面几乎没有任何意义。但是，在其他方面的发育上，实际上是有很大的意义的。

2. 幼儿教育在孩子长大后表现出哪些效果

虽然两组在 IQ 方面的差距消失了，但是调查这些孩子 40岁时的情况却有了新的发现。当初接受过教育干预的孩子与另一组相比，高中毕业率、收入、房产比率更高，离婚率、犯罪率、领取贫困补助的比率更低，也就是说成年后人生的成功率更高。

根据这些数据，赫克曼得出结论：在婴幼儿时期，重要的不是掌握认知能力（IQ 之类的智力），而是牢牢掌握非认知能力。

所谓的非认知能力，就是自我激励的能力、放眼未来的能力、相信自己的能力、信任他人的能力、控制情绪的能力等。其核心要素之一便是自我控制能力。最新的心理学研究成果也强调，自我控制能力在很大程度上能够左右人生的成败。

美国心理学家特瑞·莫菲特曾以 1000 个孩子为对象，追踪调查他们自出生以来 32 年的生活，发现了童年时期的自我控制能力的强弱能够预测将来的健康水平、贫富状况以及犯罪的倾向。

也就是说，忍耐力、控制冲动的能力、根据需要抑制情绪表露的能力等自我控制能力越强，成年后的健康状况越好、收入越高、犯罪概率越小。

可以说，日本自古以来就在育儿、教育方面极为重视这种自我控制能力的培养。很久以前就经常有人说"日本人十分聪明"，OECD（经济合作与发展组织）的学力调查也显示日本年轻人和成人的学习能力普遍很强。这大概就是得益于童年时期的教育方式吧。

日本人在各个方面都倾向于效仿欧美，教育、育儿方面也是如此。然而，自古以来就被日本人所重视的自我控制能力，竟然才开始在美国的相关研究中受到重视。这一点不容忽视。

3. 为什么 IQ 相同，学业成绩却不同

我们都知道，学业成绩与认知能力，即智力测验测定的 IQ 有关。然而，即便孩子的认知能力相差无几，也有学业成绩好坏的差异。有 IQ 高却成绩不好的孩子，也有 IQ 不出众却成绩优异的孩子。可以看出 IQ 并不能直接反映学业成绩的好坏。

在此可以明确的一点是，即使 IQ 和学习能力有关，IQ 测定的潜在能力能发挥到什么程度也存在很大的个人差异。

这种人与人之间的差距，是由什么产生的呢？只要能明白这一点，不管 IQ 高低，我们都能充分开发潜在能力，谋求学业成绩或工作成绩的提高。

如此一来，应该注重的不是认知能力，而是非认知能力了。

在这里，再次回顾上一章提到的文部科学省 2017 年度面向小学六年级和初中三年级的孩子所展开的全国学力与学习状况调查的结果，以及与对孩子监护人的调查结果相关联的调查报告。

由调查报告可知，孩子的非认知能力与学习能力之间呈现稳定的正相关的关系。也就是说，非认知能力越高学习能力越高，非认知能力越低学习能力越低。

而且，父母的学历、收入等社会经济地位和学习能力之间，也存在着中等程度的正相关。也就是说，父母的学历、收入越高，孩子的学习能力越高；父母的社会经济地位越低，孩子的学习能力就越低。

另外，由于孩子的非认知能力和父母的社会经济地位之间没有关系，所以可以认定：非认知能力与社会经济地位各自独立地影响着学习能力。

因此，虽然学习能力由父母的学历、收入所影响，但即便父母的学历及收入不高，只要能提高孩子的非认知能力，也同样能够提高孩子的学习能力。

根据这项调查得出的数据，我们可以发现：让孩子明白努力的重要性、让孩子明白坚持到底的重要性等父母的影响与孩子非认知能力的提高有着很大关系。

无论何事都摆出努力的姿态，就算直面困难也不放弃的孩子，毫无疑问在学习上也能坚持到底。左右学业成绩的主要原因，正是这种心理倾向。

4. IQ 再高，EQ 不高，步入社会也很难成功

如前所述，非认知能力是指自我激励的能力、放眼未来的能力、相信自己的能力、信任他人的能力、控制情绪的能力等。

而这种非认知能力恰好与 EQ（一般与 IQ 相对照的称为 EQ，也叫情绪商数）相吻合。

心理学调查研究显示，IQ 的遗传度很高，也就是说 IQ 很大程度上是由遗传决定的，因此靠教育、本人的努力等后天因素很难提升 IQ。当然，通过给孩子施加智力刺激可以促进 IQ 的发育，但是不能忽视先天资质的决定性作用。

那么，能在社会中活跃的人都是天生 IQ 很高的人吗？未必如此。IQ 高的人不一定就能成功，IQ 水平一般的人也有可能大获成功。这是为什么呢？

以此问题为出发点，心理学家丹尼尔·戈尔曼设想：决定人是否会成功的会不会是情绪商数（EQ）呢？EQ 是一种能够通过后天的管教和教育得到充分提高的能力。

那么，EQ 到底是指什么能力呢？

EQ 可以分为认知自身情绪的能力与认知他人情绪的能力。确切来讲，是指正确理解自身的心理状态，妥善管理自身情绪的能力以及正确理解和应对他人的心理状态的能力。

再稍微详细一点，可以分为以下构成要素来理解。

认知自身情绪的能力：

①意识到自己的情绪和欲求的能力；

②合理控制自己的情绪和欲求的能力；

③鼓舞自己、让自己更有干劲的能力；

④坚持不懈地处理事情的能力；

⑤乐观地接受事物并积极奋进的能力。

认知他人情绪的能力：

①感知他人情绪的能力；

②想象他人的立场和意愿的能力；

③理解他人想说的内容的能力；

④向他人传达自己心情的能力；

⑤与他人交流沟通的能力。

让孩子在管教与教育中，逐渐提高自身忍耐力、心理承受能力、感受力是极为重要的。可以说，这些都等同于 EQ。

实际上，报告还表明，大多 EQ 高的人应对压力能力强、学业成绩良好、职业成功度高、社会适应性强、人生幸福感高等。

5. 学习、工作的动力也由 EQ 决定

无论做什么事都要顽强地努力到底才能取得成功，这是大家都认可的经验之谈。前文已指出决定学业成绩好坏的因素在于能否拼尽全力坚持到底。实际上，从能否坚持不懈地干一件事就能够看出一个人调控自身心理状态的能力，这也能说明一个人的 EQ 的高低。

心理学研究也在试图确认小学生的学习能力与 EQ，尤其与能否控制好自己的情绪是否有关。

就像"初一之壁"一样，刚刚成为初中一年级的学生经历了巨大的环境变化，他们需要克服环境的变化，稳定自身的情绪，而能否很好地控制情绪就与学习能力有关。

这是很容易想象的。EQ 低的人，在困难面前容易自暴自弃。而另一方面，人的 EQ 越高，就越能够控制这种消极情绪，鼓舞自己坚强地直面困难。

而这种能否坚持不懈地从事一件事也是由 EQ 所决定的。

人做事的动力，相比于道理，更容易受到情绪的影响。如此一想，便能明白情绪控制力有多么重要了。

比如，心里明明清楚考试前必须好好学习，却总也提不起干劲。像这种经历大家应该都有过吧。在这种情况下，能否鼓舞自己、让自己更有动力，决定了考试能否成功。而这与 EQ 有关。

EQ 越高，求职就越容易取得成功。

这大概是由于，能妥善控制情绪、对别人的情绪或立场有很强的共鸣、能顺利传达自己想法的人，更容易得到面试官的青睐吧。

然而，其原因绝非仅此而已。虽说在求职中深受求而不得之苦也是人之常情，但如果就因此自暴自弃的话，是很难求职成功的。实际上，在数次被刷后，有些学生意志消沉，失去动力而放弃求职选择留级，也有学生干脆将错就错做了打工仔。找工作被淘汰时谁都会失落，但要是因此就萎靡不振的话，那么永远只能原地打转。这种情况与 EQ 也有很大的关系。只有 EQ 高的人才能在这种情况下永不放弃，积极地坚持下去。

报告显示，工作后的业绩评价、工资水准也与 EQ 有关。

很多情况下无论怎么努力都得不出成果，即便如此也不能轻言放弃，必须努力坚持到最后；取得了成果，却不如竞争对手成果高而没有得到好的评价时，容易意志消沉，即便如此也要让自己继续努力；与上司不合，努力和成果得不到合理的评价，即便如此也不能气馁，而要让自己以积极的心态继续努力。可以说，能否做到这些也是由 EQ 决定的。

像这样，忍耐力和冲动控制力等自我控制能力越强，就越能在学习、工作中保持投入努力到底，因此也就越能充分发挥自己的潜在能力。

另外，这种自我控制能力越强，与人发生的矛盾就会越少，在公私关系上就越能保持良好的人际关系。不仅能稳定情绪，提高做事动力，还能引发周围人的善意回应。

在此我想再次强调，这种 EQ，正是自古以来在日本育儿、教育中被重视的东西。

日本教育界总是倾向于引进各种欧美式理念，但如上所述，OECD 的学习能力调查结果表明日本人具有非常高的学习能力。日本人的勤奋、工作质量之高是全世界公认的。

进一步来说，在迄今为止只重视智力的美国，以下观点也开始得到传播和接受：无论 IQ 有多高，如果缺乏忍耐力、冲动控制力等自我控制能力，就无法在社会上取得成功。

反观日本，自古以来一直被重视的自我控制能力的培养，如今却被轻视。甚至出现了呼吁"自我主张的教育"的声音，试图脱离传统育儿、教育方式。

从最近的国际比较调查数据来看，日本中小学生、大学生的学力之低、学习时间之少引人注目。另外，被训斥、被指责后情绪低落，或是倒打一耙，或是辞职的新员工不断增加，年轻人的抗压能力低下也成了话题。

反思一下上述事情，或许我们应该重新重视起锻炼自我控制能力的育儿、教育方式了。

如果想让自己的孩子顺利地度过学校生活，并且能够开辟属于自己的道路，如果想让自己的孩子成人后的职业生活和私人关系也能一切顺利，那就有必要重新认识一下传统育儿方式的好处了。

6. 不是不让孩子经历逆境，而是让孩子不向逆境妥协

到处都有人说，最近"不想努力""总想放弃"的年轻人比比皆是，在他们身上，几乎看不到任何努力的架势。

明明才刚刚开始，却马上说出"做不到！"，就连"我要崩溃了"这样的话也能随意说出口。这是由于自幼儿期以来的过度保护的生活环境所导致的。孩子一直生活在积极的氛围中，不会面临特别严峻的状况，也没有什么努力克服困难的经历。

若是强迫孩子，会给孩子造成心灵负荷。而一旦给幼小的孩子造成负荷，孩子的内心就会感到挫败，甚至会造成精神创伤等等。但是，这种说法只适用于像虐待那样的严重事态，与一般情况下产生的负荷无关。

倒不如说，让孩子克服严峻的状况，是为了锻炼他们"不轻言放弃、坚持到底的恒心"。在艰苦的情况下，孩子们不放弃、努力想方设法走出了逆境，有过一回这样的经验，它就会成为

孩子自信的源泉，进一步培养出"不放弃的恒心"。

如今很多父母都过分保护自己的孩子，我能理解他们的心理，因为我也是两个孩子的父亲。想要拂去落在孩子身上的火星儿，这便是父母之本心。但是，一味地过度保护孩子，是无法给予孩子力量的。人生不如意事十之八九，必须让孩子学会在这样的人生中顽强积极地生存。如此一来，就需要孩子在处于不如意的状况中时，也能够坚持不懈，积蓄足够的力量以顽强地努力到最后。

在这层意义上，不想让孩子承受挫折的父母和教师的想法，不得不说是错误的。

通过努力走出了逆境后，孩子会获得成就感，这与自我效能感有关。努力到最后收获的成功体验，会继续强化"不放弃的恒心"。

但是，也有无论怎么努力都不顺利的时候。这种情况下，孩子就会觉得自己果然不行，并感到挫败。于是有些父母可能会想：努力了却无法成功，这不是反倒阻碍了孩子"不放弃的恒心"的发展吗？这种想法，导致父母认为：为了防止挫折于未然，有必要过度保护孩子；必须保护孩子免受挫折体验。即，导致形成了父母过度保护的态度。

其实，这只是父母们片面的看法而已。在成果主义的认知框架下，"努力了却没有成功"会让人产生无力感，确实会阻碍"不放弃的恒心"的发展。

另一方面，在重视过程的认知框架下，可以看到"虽然结果不好，但我拼命努力了"的清爽感和充实感，反而强化了"不放弃的恒心"。

重要的是认知，也就是对事物的理解方式。想要培养"不放弃的恒心"，不是不让孩子经历逆境，而是让孩子不向逆境妥协。

7. 韧性——不屈服于逆境的决心

所谓的"不屈的心灵",换句话说就是能够使自己不屈服于逆境,积极地在人生的道路上披荆斩棘的强大力量。

在心理学领域,这种力量被作为"韧性"来研究,研究源自以下疑问:善于克服逆境与不善于克服逆境的人,二者的区别在哪里?

"韧性"一词本来是指物理学中的"弹力",生态学中的"复原力",而在心理学中指的是"恢复力",即从逆境的消极情绪中恢复过来的力量。

韧性的强弱与个人的特性有关,与此相关的研究成果不胜枚举。综合而言,韧性强的人一般具有以下的特质:

①具有很强的自我肯定感以及自我接受能力;

②态度乐观,相信未来;

③具有很强的忍耐力,意志坚定;

④具有很强的情绪控制力;

⑤好奇心强，热情奔放；

⑥具有创造性和敏锐的洞察力；

⑦善于交际，信赖他人；

⑧富有责任感和自律精神；

⑨随机应变。

这类研究所得出的结论是人们一看就能理解的。这种人具有很强的自我肯定感、乐观地相信未来、忍耐力强而又能很好地调控情绪，自然能够直面逆境或困难而不气馁，乐观地开辟属于自己的人生。

然而，大多从事教育和育儿的人更想知道的是，怎样才能培育出充满韧性的孩子。也就是说，怎样才能提高孩子自我肯定感，让孩子乐观地相信未来，增强孩子的忍耐力和调控情绪的能力。

要想具有充满韧性的人所擅长的这些特质，我觉得以下几项因素是非常重要的：

①学会与自我肯定相关的认知方式；

②要保持过程大于结果的态度；

③有过迎难而上的经历。

关于孩子自我肯定的认知方式以及过程大于结果的态度，很大程度上受到了父母与老师的教导，以及对他们态度的模仿的影响。通过培养孩子这种认知方式或过程大于结果的态度，能够让孩子在困难面前不退缩、不逃避，勇敢地迎难而上。如此一来，努力后获取的经验将自然而然地得到积累。

那么，父母和老师要怎样教导孩子，又该树立什么样的态度来引领孩子呢？关于这种提高孩子韧性的对策，将在第 4 章以及第 5 章进行详细叙述。

8. 不受情绪影响做出认知反应

人生不会总一帆风顺，只要活着就要面对各种困境。有时努力不一定得到回报，有时会被迫陷入自己始料未及的困境……发生这些情况时，如果我们只是一个劲地唉声叹气、意志消沉的话，我们甚至连积极地活下去都做不到。在这种情况下，重要的是让认知反应而不是情绪反应来驱使自己的行为。

可以看出，整天唉声叹气的人或很容易灰心丧气的人，一遇到事情就很容易出现情绪反应。而另一方面，无论发生任何事都积极应对的人，很容易出现认知反应。

在被迫陷入自己始料未及的困境时，前者就会陷入"这下完了！""我受够了！""我怎么这么倒霉啊！"这类情绪反应中，从而停滞不前。而在这种困境中所需要的是"既然如此，怎么办才好呢？""总之现在也只能从自己能做的事做起了"这种冷静的认知反应。

因为失败而受到指责的时候，前者就会陷入"这下坏了，要被大家抛弃了""又搞砸了，我真是什么都做不好"之类的情绪反应中，从而意志消沉。

另一方面，如果能做出"再这样下去可不行，得想想看有没有什么补救的办法""今后要注意不要再犯这样的错误了"之类的认知反应的话，就能避免陷入消极情绪中，甚至能将失败作为自己成功的垫脚石。

在被人说坏话的时候，一旦陷入"你凭什么说这种话，真是过分""真让人火大，受不了了""你这是什么态度！不可原谅"之类的情绪反应中，不仅会使自己的人际关系恶化，而且会使自己很难保持乐观积极的心态。

而与此相对，如果能做出"他那人就是那样，这也是没办法的事""他到底想做什么呢""他好像今天心情不好"这样不受情绪影响的认知反应，那么就能妥善地处理人际关系，更不会使自己陷入消极情绪。

受情绪反应所驱使的人不仅容易唉声叹气动摇自己，而且很难朝着有建设性的方向迈出脚步。而受认知反应所驱使的人就算暂时产生动摇，也会转换心情，朝着有建设性的方向迈进。

因此，养成不受情绪反应影响，用认知反应处理问题的良好心理习惯是很有必要的。关于这一点我将在第4章进行论述。

9. 社会性技能可以提高心理承受能力

当有不喜欢的事情发生时，人们对压力所表现出的反应不尽相同，反应的表现形式也各不相同。而导致不同的主要原因之一，便是前一节所讲到的情绪反应与认知反应两种反应形式的不同。

另外一个主要原因是社会支持，也就是来自人际关系网络的支持。有了社会支持，人对于压力所做出的反应会相应地有所减少。

越来越多的人被心理压力所拖垮，其原因之一便是他们社会性技能的不成熟。正因如此，他们不仅得不到周围人的支持，反而让自己与周围人的人际关系也成为压力源。

实际上，有报告显示：因社会性技能不足而导致自己找不到倾诉想法的对象时，很容易感到压力，出现抑郁的反应。而在缺乏给别人情绪支持的社会性技能时，也会因无法顺利构建人际关系而容易感到压力、陷入抑郁状态。另外，因缺乏社会性技能而无法妥善处理人际关系中的各种问题时，也会容易因此产生抑郁反应。

如超负荷的工作成为人的一种压力源，社会性技能低下的人面对压力很容易产生抑郁等反应，而社会性技能高的人则不会。

与现在的中老年人不同，如今，越来越多的新一代年轻人在成长过程中没有小伙伴凑在一起玩耍的经历，到他们长大成人，他们的社会性技能一直没有得到锻炼。

在前文中也举过相应的例子，时常听到年轻人诉苦的声音："我不擅长和年长的人相处""我不擅长和年龄小的人相处""不懂如何与自己年纪不同的人相处"之类。此外，他们从小只与特别要好的同伴玩耍，亲密无间的朋友之间自然不会有太多矛盾，但如果换作职场上的人的话，连对方在想什么都不清楚，相处起来是极其困难的。

社会性技能的不足会使人不能很好地把握双方交谈时的距离。在这种情况下，往往会因为对方不经意的话语或态度而感到"被拒绝了"，或陷入"跟我这种人在一起是很没意思的吧"之类的想法中。因此，过分地在意人际关系，会让人疲惫不堪。

这样一来，不仅不能使自己从人际关系中得到支持，反而会成为压力源。

有一种关于压力与社会性技能的脆弱性模型。该模型说明，生活中经历可能变成压力源的消极事件，即令人心烦之事时，社会性技能低的人会容易产生压力反应，恶化人际关系，而社会性技能高的人则不会产生这些问题。

要想增强抗压能力，避免出现过激的压力症状，掌握社会性技能，加强抵抗压力源的能力是非常重要的。

像这样重要的社会性技能，就是从幼儿期开始通过玩耍慢慢掌握的。

10. 不会控制怒火会吃亏

我们容易陷入一种错觉中，觉得小孩子都生活在温暖的童话世界里。然而，回顾一下我们自己的童年时代就会明白，孩子生活的世界也有属于孩子的压力。

小时候，在被朋友欺负、被说坏话的时候，时常会受愤怒的情绪所驱使。不擅长运动的孩子可能会被球技好的孩子或跑得快的孩子嘲笑，学习不好的孩子也可能会被学习好的孩子挖苦。不擅长与人交际，可能就是孩子被朋友排挤的原因。尽管父母和老师教育孩子不能那么做，但是孩子不自觉地就会被自己内心的冲动所驱使，说一些有攻击性的话语或使用一些有攻击性的动作。

但凡遇到不如意的事就感到心烦意乱的，可不只有大人。我们从小时候开始就已经同心烦意乱的情绪做斗争了。如果在童年时期就能掌握控制自己心烦意乱的技巧，就不至于长大以后控制不好自己的情绪而大发雷霆，让自己的所有努力都付诸东流。

童年时期学会控制愤怒是多么重要啊！要想实际感受这种重要性，先来看看如果无法控制自己的情绪的话，长大后会有多少坏处吧。

（1）会破坏人际关系

不经意间怒火的发泄会不可避免地造成与对方在人际关系上的恶化。或许在自己看来，"这么过分的话，不可原谅""真的无法忍受蛮不讲理的斥责""这种自说自话根本说不通"，导致认为自己生气也是理所应当。而对方也有对方的道理，就算对方的说法过于任性，对方也会对其正确性深信不疑。因此，对方也会感到非常吃惊——"你这什么态度啊！""真是好心没好报！""死脑筋！"。

因此，对方同样会感到非常不爽。

愤怒的情绪因为会刺激到对方负面的情感，容易让两人陷入愤怒，进而招致愤怒的恶循环。即便当时意识到"这样下去可不行"，而匆忙控制住自己的冲动，并当场采取了补救措施，怒目相向的情景还是会深深地留在两人的记忆中，双方之间难免会产生尴尬的气氛。

最终，与对方的关系变得恶化：作为下属会受到上司的极其严厉的责难；而作为上司又会引起下属的反抗和不满；跟客户的关系会因此而中断；珍贵的友情会产生裂痕；恋爱关系也会恶化。如此一来我们不可避免地要蒙受很大损失。

进一步来讲，发泄自己的愤怒，还可能会招致周围人的指指点点，得到不好的评价。这一点在后文中将进一步叙述。

（2）无法做到冷静判断

发泄自己的怒火的人，自身有其值得生气的正当理由，所以才对于自己的生气行为的正确性深信不疑。不过，如果从客观角度来看生气的人的话，不得不说他不过是被愤怒冲昏了头脑，失去了正常的判断能力而已。其本人过后反省时，也应当会觉得自己当时"真是丢人现眼"，会因此而感到后悔。

一旦被卷入这种愤怒的情绪，人就容易失去平时的冷静，视野会变得狭隘，只能用负面的角度去理解问题，结果就是越想越生气。像这样没有心思去冷静地判断问题的话，极其容易做出轻率的行为。

到最后，好不容易建立起来的地位以及人际关系都会毁于一旦，也会容易因此而丧失明明就要到手的机会。

（3）得到负面评价

被卷入愤怒情绪的人是看不到自己生气的样子的。因此，他们也无法想象在对方以及周围人眼中自己发泄怒火的样子到底如何。那些平时在意别人眼光的人，在陷入愤怒情绪时，会不自觉忽略别人的看法。

那些对车站工作人员或店员发泄怒火的人，可能会认为自己的发怒有正当的理由，而在周围冷静旁观的他人可能会想："真丢人，不像样子啊！""看样子平日里没少受气，即便如此，大人却没有大人该有的样子啊！""别在这丢人现眼了！"他们是以这样一种轻蔑的眼光看待整个事件的。

事后，即便为自己做了"不该做"的事而后悔，也为时已晚。一个人发泄自己怒火的样子会长久地被对方或者周围的人深深地印在眼底，不可避免地也会被认为是心理发育不成熟的人。

（4）会造成工作上的损失

通过前面的叙述我们能够知道，轻易地发泄怒火的话，容易被工作伙伴及上司、下属所抛弃。谁都不会把工作交给一个连自己的感情都控制不好，向交易方或客户发泄怒火的人，也不会想同这类人一起工作。

例如，对上司发火的话会吃大亏。就算上司的批评过于严厉，但也可能他是想将你培养成得力干将才说的狠话。如果一个人因此对上司发火的话，上司本来好意想去锻炼一下下属，却被恼羞成怒倒打一耙，自然会变得态度冷淡、不理不睬。对于这种动不动就发火的狭隘之人，上司不再把责任重大的任务交给他们也是没办法的事。

对下属发火也会吃大亏。就算自己下属的态度再怎么不对，当事人如果没有认识到的话，自己发火一事很容易被周围人以讹传讹。周围人会惊讶于上司"竟然因为这么一点点小事就发火"，从而认为上司是心胸狭窄的小人而蔑视上司。就算当事人认识到自己的错误，被上司指责后在情感上也容易出现逆反心理，容易陷入尴尬境地。更有胆小的下属因为上司的反应过于恐怖，导致不敢与上司沟通，且难以接收到失误或麻烦等负面信息。无论是哪种情况，下属汇报工作情况、联络信息，以及与上司商讨未来计划的效果都会大大削弱。

人类不是依靠道理而是靠感情来行动的。因此，感情一旦恶化，关系便很难再修复。

（5）做事动力不足

发泄完怒火的时候，虽然当时一瞬间会感觉舒畅，之后"又干了一件蠢事"的后悔情绪会越来越强，最终陷入"这下可坏了""真丢人"之类的负面情绪中，心态逐渐变得消极，做事的动力也容易下降。

如果上司对下属发火，受气的下属理所当然地会缺乏做事的动力。像这样如果上司不能控制自己的怒火，会使职场全体员工的动力普遍不足。

（6）失去自信

发完火后心情也绝不会变好。就像上一项指出的那样，感到心情舒畅只有在刚发完火的那短短一瞬，随之而来的就是自尝恶果的悔恨以及侵袭而来的不快之感。

因为没能控制住情绪而深感耻辱，就会被"自己真是不行"之类的自我厌恶情绪所折磨。这会造成自我肯定感的缺失。

（7）损害心理健康

不顾一切地去克制焦虑和愤怒反而会产生心理压力，导致消极的心理状态。而如果因此就大发雷霆，满口怨言去发泄这种焦虑和愤怒的话，只会招致尴尬、事后的悔恨以及自我厌恶，而这又会成为自己的心理压力，进一步导致人际关系的破裂，加剧自己的压力。

11. 消极情绪的有益之处

凡事都乐观地接受是非常重要的。但是，因为"夸奖式育儿""非批评式育儿"等育儿方式的宣传，越来越多的人不会回头反省自身，对于他人的批评和劝告也不放在心上，犯过的错误会接二连三地再犯等。从中我们可以感觉到，做事缺乏深思熟虑的心理正在蔓延。

另外，"这样就没问题了吧"之类的过于乐观的想法，经常会令人陷入准备不足的境地，做事缺乏慎重考虑的心态也在不断影响到他人。

进一步来讲，因为总是被夸奖而没有受过批评，一直处于积极的心理状态中，人们对消极的负面心理状态的承受能力会变得越来越弱。

实际上，在消极的负面心理中也蕴含着积极的力量。这一点在心理学的实验以及调查研究中得到了更加科学的印证。

负面心理有以下好处：

①消极情绪有助于增强人的记忆力；

②消极情绪会有助于对他人的正确认知；

③消极情绪有助于提高做事的动力；

④消极情绪有助于与他人关系的改善；

⑤消极情绪有助于增强说服能力。

可能大家会觉得非常意外，但这些都是经过心理学实验证实的。

负面心理构造居然能带来这么多的好处。重要的是，人在积极的情绪下会变得神经大条，一不注意就容易做出缺乏慎重考虑的判断，而在消极的情绪下做事才会谨慎小心。

这种慎重的态度会督促自己去注意四周，仔细观察，由此人们能够牢牢地记住亲眼看到的事情，仔细地回忆起周围的情景，用心地观察对方从而做出判断。

另外，在事情发展顺利或受到奖励和赞扬而自鸣得意的时候，不自觉地就会容易松懈，从而潦草行事，导致到了最后的紧要关头时，人们不得不拼命努力。而这就是负面心理的积极力量，它能够提高人的动力，增强人的毅力。

一些人在自鸣得意的时候，很容易以自我为中心，因此往往采取轻视他人的态度。而害怕失败的心理会促使自己关照他人，采取不会伤害他人感情的态度。

在消极情绪中做出的姿态有利于人慎重地选择语言，促使人去仔细观察对方的神情，及时调整自己的态度，这样一来与他人的谈判便会更具有说服力。

12. 缺乏自信与改善自我的关系

我们可以把这种消极情绪的作用与育儿方式结合起来考虑。

成长期待是指父母对孩子未来人生的期待。

一些日美比较研究表明，美国父母对孩子的"成长期待"是希望自己的孩子成为一个有自信、有自我主张、有领导能力的人。

与此相对，日本父母对孩子的"成长期待"是希望孩子成为一个有同情心、温顺、能够控制自己感情的人。

由此我们可以发现，在两国父母心中，孩子的理想形象形成了鲜明对比。

因为在美国社会中，理想的美国人形象是过分强调个人的自我主张，做事总是充满自信的人。而他们很容易变得感性易怒，对他人的感情感受迟钝，也不善于体谅他人。这也是由其不重视情绪控制以及同理心培养的文化所导致的。

与此相对，日本人对于他人的情绪非常敏感，会去主动体察别人心情，去关心他人，另外也不会随意地发泄情绪。因为这也是日本社会中理想的人物形象。他们因为顾虑到他人而很少说出自己的主张，时常感到强烈的不安，从来不对人展示自己充满自信的样子，这也是由其不重视自我主张，也不在乎言行举止是否有足够自信的文化所导致的。

在日本，因为什么都想要"美国式"的，就连美国的积极心理学也被尽早引进，随之一同引进的还有美国的教育方式，即鼓励孩子充满自信地坚持自我主张。

然而，我们却无法忽视这种积极过度所带来的弊害。比如，批判积极心理学的心理学家就指出，过度自信往往使人态度傲慢等。

确实，过于自信就会因大意而失败。一旦自信过剩，便很难主动去反省自身，很难改正自身做得不好的地方。

在美国进行的关于教师自我效能感的研究显示，提高教师自我效能感本身具有多种负面作用。而没有自信的人反倒会反省自身的做法，并加以改善。

缺乏自信会促使人对于自己的做法是否正确、某种思考方式是否合理做出非常谨慎的探讨，从结果来看，带来的是全方位的改善。如果一开始充满自信，无意之中就会被自己的想法或做法所束缚，造成始料不及的失败。即便当时有更好的方法，也会因为过度自信而注意不到。

如此看来，人人都说的"做事要充满自信"不过是去掩饰自己内心的不安和不自信，反倒会成为成长的阻碍，也可以说是造成失败的原因之一。那些过于积极的人总是给别人一种轻浮的感觉也不是没有道理的。

有一种认知现象叫作邓宁 - 克鲁格效应，简单说就是低能力者的自我认知能力低，也就是说无法正确认识自己的能力水平。心理学实验的研究结果显示，能力越低的人就越容易夸大自己的能力，而能力高的人却反而容易低估自己的能力。

没有能力的人往往非常乐观，对自己能力的估计要高于实际水平，因此他们不会切实认识到自身能力的不足，反而拥有浅薄的自信。其结果，则是自己无法步入成长的正轨，做什么事情都很难成功。

相反，有能力的人常怀有强烈的不安，因为对自己能力的估计要低于实际水平，总感觉自己的能力还不够。这反倒会成为他成长的原动力，逐渐使他成为一个成功的人。

细想一下，日本人做事之所以精细又准确，也是源于这种不安与不自信所带来的谨慎与小心。

在由 OECD 开展的学力调查显示，无论是成人还是年轻人，日本人的成绩要远远好于美国人，这也是由于日本人不过度自信、心存不安的性格所造成的。

比如，以 16~65 岁的人为对象开展的"国际成人能力评估调查"的结果显示，日本人的"阅读理解能力""数据思维能力""用 IT 解决问题的能力"在参加调查的 23 个国家中位居第一。而看上去充满自信的美国人无论是在"阅读理解能力"方面，还是在"用 IT 解决问题的能力"方面都居于下位，而在"数据思考能力"方面的成绩甚至接近倒数第一。

由此可以看出，把"要有自信"之类的积极的信息当真，从而去接受这些信息是非常危险的，最重要的是要真诚面对自己内心的不自信与不安，并把它转化为成长的养料。如此看来，我们有必要重新审视日本传统的育儿方式及教育方法，而不是完全模仿其他国家。

13. 无法忽视的不安心理的作用

如前所述，不自信与不安会刺激人的上进心，从而促进人的成长。在教育孩子时千万不要忘记这一点。

所谓的思考的表面性往往表现为不去深入思考事物本质的心理倾向，而这一点与内心不安的程度有关。对学生进行的心理检查结果显示，那些对于学习完全没有干劲，整天只知道玩的学生大多没有不安的心理倾向。与此相反，认认真真学习的学生不安的倾向反倒非常强烈。

因为从所有角度去慎重地探讨事物而由此产生不安，也正是由于不安所以才能从所有角度去慎重地探讨事物，然后为了多少减轻些不安而去采取万全之策。如此这样一种循环不仅能够提高工作质量，而且能避免和他人出现关系破裂。

罗伊·鲍迈斯特等心理学家在至今为止的心理学各项研究成果的基础之上，得出了"消极事物要比积极事物具有更强的影响力"的结论。

比如，坏情绪要比好情绪具有更大的影响力。不让人喜欢的父母要比让人喜欢的父母具有更大的影响力。否定的反馈要比肯定的反馈具有更强的影响力。

另外，坏消息会比好消息更能受到人们的深刻探讨。所以说人们会更在意坏消息吧。

进一步来讲，人们做事的动机是试图回避糟糕的自我定义，而不是追求良好的自我定义。这可以说是非常符合日本人的心理倾向。

然而，比起好印象或者好的刻板印象，不良印象或者不良刻板印象更加容易形成，并且挥之不去。

如此来看，消极的事物要比积极的事物具有更强的影响力。

这一点与行为经济学所得出的见解完全一致。

比如，按照行为经济学的说法，我们具有这样一种习性：比起更大收益所带来的不确定性，我们更倾向于选择不多但是稳健的收益。即使获得的收益少一些，我们也要避免零收益的可能性。

另外，我们还具有这样的习性：谁都不想蒙受损失，所以在损失面前，我们会尽可能减少损失，如有可能则会去避免损失。因此，与其去确定一定会受损，不如在受损程度扩大或是不会受损之间下赌注。在投资等行为中产生损失时，可以说正是这种心理在起作用。

这种消极的经验、情绪以及信息的巨大冲击具有进化论上的意义，可以看作是规避风险的好机会。避免陷入不良境地的想法可以避免自己做出轻率的行为，督促自己做好万全的准备。

因此，不要去试图消除不安等消极情绪，要学会利用不安，做足准备以减少失败，也不要试图去忘记那些一想到就心烦意乱的失败经验，而是以此为教训，保证不再重复类似的错误。总之就是要意识到，活用消极的心理并为之做足心理准备是非常重要的。

在育儿方式以及教育方法中，千万不要忘记上面这一点。

不少父母每每听到社会上肆意扩散的"夸奖式教育""非批评式教育"等口号，就总是想着要让孩子处于积极的氛围之中。前面已经提到，不安以及不自信具有一定的作用，日本人超强的学习能力以及高质量的工作与这种心理倾向应是有很大关系的。这一点需要父母们重新审视。

14. 过度积极是非常危险的

　　"无论发生什么情况，都要保持积极的心态"，这种"积极信仰"正在扩散蔓延，导致有很多人难以体会到不安与不自信的作用。我在此想稍做解释。

　　很多人觉得能够做到"无忧无虑、全不介意"非常重要。这在"既然已结束就不要耿耿于怀了"的意义层面上是正确的，但如果在做任何事之前都不上心的话，无论是学习还是工作都不能够做出优秀的成果。虽然被消极想法击溃是一件坏事，但是可以活用消极想法以提高能力水平，提高做事的成功率。

　　这里需要参考"防御性悲观主义"这一概念。

　　著名心理学家朱莉·诺伦姆和坎托根据人对过去表现的认知以及对未来表现的期望，在乐观主义与悲观主义的基础上进一步划分出四种类型。其中之一的"防御性悲观主义"指的是，尽管到目前为止已经取得了实际成效，但是对于将来的表现仍旧持有消极期待的心理倾向。也就是说，无论是学习还是工作，即便自己至今为止已经做出相应的成果，但还是会担心下次会不会顺利进行，是一种悲观的心理类型。

一般来说，防御性悲观主义者大多成绩优异，这是被很多研究所证实了的。这部分人往往因为悲观而做事更加谨慎，做什么都得做到万全的准备，对将来的表现会感到不安，难以变得乐观。但这也与其成绩的优异有着很大的关联。

实际上，有人曾来问过我这些问题。他说自己在生意场上明明取得了常人无法达到的成就，却不知为何越发感到忐忑不安，无论做什么事都跟神经质似的在意个没完。我对他说："为什么把事情想得这么消极呢？这般成就都做出来了，要对今后的自己更有信心啊！""不用想太多，做事稍微放轻松点"等，给他灌输一些积极的想法。在此之前，他的业绩一直处于稳步提升的状态，但在接受积极思想后却出现了业绩下滑的情况。

像这样的人，正是由于不安才会提升自己的行为表现，而一旦变得乐观，精神上的不安就会消失，自己的行为表现就会变差。

防御性悲观主义的实验也证实了，尽管一些人已经取得了很大的成果，但如果给这些原本心存不安，对自己的能力没有自信的人灌输积极的思考方式，令他们相信自己一定可以把事情处理好，反而会使得他们的成绩下滑。

他们正是由于心中的不安与不自信，所以无论怎么准备都无法使自己安心。这个也要弄吧，那个也要弄吧，就这样不厌其烦地一遍又一遍地学习、检查、演练，去设想所有发展情况，并思考不同发展情况下的处理方法。

就这样，他们往往通过这种无微不至的准备，取得了他人做不到的成果，而且能够对于失败做到防患于未然。他们往往是些脚踏实地地工作的人，能够放心交付任务的人，或者是那些常被看作为优秀的人。这便是他们在周围其他人心中所保持的地位。而如果拂去自己心中的不安与不自信，他们反倒容易失去在周围人心目中的地位。

另外，上述实验证明了比起积极的氛围，处于消极的氛围中的人在待人处事时，会更加花费心思去照顾他人的感情，礼貌而又恭敬地与人交际，从而使得人际关系发展顺利。

在此想进一步指出的是，自身的不安与感受对方心情的共鸣能力有关。也就是说，心理有着强烈不安的人能够更好地理解他人的感受。

埃尔哈南等心理学家曾经展开了一项研究与实验，探讨对人际关系感到不安的心理与人的共情能力之间的关系。结果显示，对人际关系越感到不安的人共情能力越强，也就越能注意到他人的心情，而且他们察言观色的能力也很强。

强烈的不安心理会使人在待人处事方面格外小心谨慎。在面对面的情况下"小心谨慎地留意对方的心理状态"等类似的心理倾向也与这种内心的强烈不安有关。

与此相对，没什么不安情绪的人在人际关系中很难去谨慎地留意对方的心理状态。由于不顾别人的感受而更容易根据自己的意愿单方面与对方交际。

比如，怀有强烈不安情绪的人，对其他人说话的时候就会想："说这些话可能会让人感到不舒服吧？""这样讲话会破坏别人心情吧？""不要说令人受伤的话。""一定要注意说话方式，不然会让别人误解的。"……这样，他就会慎重地选择自己的言辞，注意自己的语气。

与此相对，没什么不安情绪的人从不在意对方如何接受自己的言辞，会有什么样的感受，而是把自己的想法直接抛给对方。有时会破坏别人的心情，有时会伤害别人的感情，甚至会使人际关系变得更加复杂。也就是说，这些人的行为举止不顾及别人感受，或者反应迟钝。

由此看来，试图去消除孩子们所怀有的不安倾向可以说并不是什么好事。

"变得积极些""掌握积极的思考方式就能事事顺心"之类的"积极信仰"在生活中肆意传播，但如果就那么轻易地将其应用到育儿以及教育上的话则是非常危险的。

环顾周围的人，积极的人的确是积极的，但也有很多人做事实在太粗心大意，不能充分认清现状的严峻性，并且常常太过于乐观。从中也可以看出最近掀起的"积极信仰"的弊端。

所以，我们需要对社会上充斥的所谓让孩子生活在积极的氛围中的育儿方式与教育方法持有疑问，并保持一定的戒备心理。

第 4 章

构建孩童时期好性格的基础

1. 父母静下心来与孩子相处的重要性

审视忍耐力、相信自己的能力、控制冲动的能力、情感抑制力、感受他人情绪的共情能力等非认知能力的特性，不难发现，稳定的情绪是非认知能力的基础。

因此，要想提高孩子的非认知能力，最重要的是父母能够静下心来与孩子相处。由此得到的附属品，便是依恋的羁绊的形成。对于这种依恋的羁绊，发展心理学将其作为孩童婴幼儿时期最重要的课题。

让孩子感受到父母总会守护在自己的身边，孩子才会真正静下心来从事一件事。

比如一岁的幼儿，如果能建立起这种依恋的羁绊，依恋的父母陪在孩子身旁，孩子才能真正放下心来放手去冒险。即便房间里有不认识的大人和小孩，孩子也能够在那里静下心玩玩具或是探索自己的周围环境。即便在有其他孩子的公园，孩子也能够克服心中的不安，自顾自地享受玩耍的乐趣。相反，如果没有顺利地建立起这种依恋的羁绊，孩子将会屈服于心理上的不安，绝不离开父母的身边。

依恋的羁绊能够顺利形成的话，即使父母不在身边的时候，孩子心中也能够感受到父母的存在，自顾自地玩耍而没有任何不安。不仅是玩耍，包括学习这种智力活动在内，要想让孩子自己能够集中精力于课题，首先需要使孩子感到安心。为此，父母静下心来与孩子相处显得尤为重要。

此时重要的是父母要积极地跟孩子谈话。话语并不是孩子与生俱来的东西，而是以父母为原型获得的。他们将父母说过数遍的话转换为自己的语言并且逐渐掌握语言。

语言是交流和思考的工具。无论是哪一种，其父母作为语言环境对于幼小的孩子来说都具有极大的影响力。

具有育儿经验的人应该会懂。我自己在与孩子交流的时候，也常常发现孩子能迅速学会交流中的言语措辞。

就作为交流工具的语言来说，父母用什么样的措辞跟孩子谈话直接影响到孩子用什么样的措辞与朋友交流。不仅是措辞方面，父母在谈话时使用的充分照顾对方感受的话语，也会引导孩子在与朋友交流时使用照顾对方感受的话语。

就作为思考工具的语言来说，父母平日里使用的话语会引导孩子的思考方式。比如：父母总是说些泄气的话，孩子也容易遇到事就想放弃；而父母说的有关坚韧不拔的话，则会让孩子学会坚强。

　　像这样，平日里父母与孩子不经意的对话，会在孩子心中留下非常深刻而重要的东西。强大的忍耐力、坚强、干劲、关怀等非认知能力的诸要素也是在这日常的交际中逐渐学会的。

2. 如何培养孩子的主动性

小学低年级的时候，可能那些让父母催着学习的孩子成绩会名列前茅，然而成为小学的高年级生或者升入中学成为初中生后，如果没有主动学习的欲望的话，成绩就会逐渐陷入低迷。

因此，就需要孩子提高自身的主观能动性。这种主动性需要通过本人意愿，是一种自发的行为，很难会因为周围的力量而得到强化。

但是当我们回想起不好的事例时，就会明白该怎样做才是正确的。比如，当遇到那些从不主动做事而是等待别人下达指示的学生时，通过询问我就会发现他们的孩童时期都有一些明显的特征：无论什么事都是父母为了不让孩子们烦恼而抢先下手去教孩子、帮助孩子；又或者他们虽然因为父母的唠叨和"指手画脚"而感到心烦意乱，但却不知何时变得开始依赖父母了。

由此可以看出，父母不要过于抢先下手，而是要相信孩子失败是正常的。重要的是要为孩子创造一个让孩子自己去想、全心投入做事的环境，这是非常重要的。在孩子主动去思考去行动的情况下，即便孩子失败了，也没必要为之感到惶恐。重要的是要告诉孩子从失败中也可以获取很多经验教训。

另外，很多父母会为孩子的不成熟、效率低又很难朝着具有建设性的方向行进而感到焦虑，这也是正常的。但是敢于减少对孩子的指示，让孩子自行其是也是非常重要的。

因此，父母所需要具备的是等待的能力。

大人的世界是根据效率性的原理进行活动的。然而，就在这种按照效率性原理活动的过程中，工作便很容易成为一成不变的模式。工作的模式化是提高工作效率的关键，却也造成了创造性的枯竭。不要让孩子在孩童时期就把万事万物固化到模式中，重要的是要让他们从多个方向去思考，用多种方式去检验错误，发挥自己的创造性。

因此，作为父母不要对孩子的行为做出过多指点，而只需要守护在其身边让其本人主动地行动就好。

3. 在相处中培育孩子不怕失败敢于挑战的心理

　　谁都不喜欢失败，能做到的事谁都不想失败。然而，如果过于害怕失败的话，心理上就会变得退缩，不敢放心大胆地采取行动。

　　看看学生，可以感觉到他们有很强的因为害怕失败而无论做什么事都犹豫不决的倾向。不只是学生，在因为害怕失败而不去挑战的成人身上，这种现象也尤为显著。

　　在第 1 章已经介绍过我就这种倾向与学生们展开的讨论。不过，在此所反映出的问题是学生失败经验的缺乏。他们只需按照老师的指示行动就可以，因为他们不想因为自己的擅自行动而被斥责。为了避免失败，就越来越依赖老师的帮助。如果只按指示行动就能顺利进行的话，那么也就没有自己去挑战的必要了。

　　这种想法与"依赖指南型"和"等待指令型"有相通之处，

也可以说是互相照顾、互相帮助的大环境的弊害。

在教育服务业的产业化的变化发展中，实行对学生的手把手教学和完备的支持体制正逐渐成为一大卖点。然而，可以说这种支持体制在另一方面也催生出了学生害怕失败、不想挑战的心理。

因此，最重要的便是要引导孩子认识到失败的意义与价值。这是一个以人工智能为核心的技术创新时代，也是一个未来不可预知的时代。要想在这样的时代中生存，只能砥砺前行。如果因为一次又一次的失败而感到气馁的话，只会使自己停滞不前。

这就要求孩子能够提高对失败的应对处理能力以及从失败中学习的能力。重要的不是不失败，而是不害怕失败、在失败中不断摸索。就算失败也不气馁，依然砥砺前行，将失败作为自己前进的动力。

对心理动机进行解析，可以分为追求成功的动机与避免失败的动机。在每个人心中都有一个想要成功的梦想，又有一个不想失败的忧虑。而我们正是在这两种动机的相互竞争中决定自己的行动的。所以说，要想更加积极地采取行动就有必要适度缓解回避失败的动机。

孩子们不仅能通过失败在现实中更好地生存，还能学习到一些更为重要的事。然而，处于教育孩子立场上的大人们却忽视了这一点，极力去排除失败，为孩子创造过度保护的环境。

因此，父母在孩子教育上最重要的一点就是，要引导孩子充分认识到失败的意义与价值。父母要认识到，虽然孩子们不想失败，但失败始终不可避免，偶尔的失败未必是一件坏事。

4. 在相处中培育孩子百折不挠的心理

　　现在的孩子们经常因为一点点小事而心灵受伤，但如果因此就采用不让孩子受伤的教育方式，我总觉得有一种违和感。

　　这种过于在意孩子使其不受伤害的教育方式，只会导致培育出的孩子或年轻人心灵更容易受伤。冷静想想的话，这也不无道理。无菌培养的生物在满是杂菌的环境中适应能力会很弱，这是同一个道理。

　　步入现实社会后，会遇到很多不如意的事。就算自己再努力，事情也有不顺利的时候。就拿学生时代来说，有时候即便自己再努力也没有换来好的分数，成绩并没有提高；有时明明努力地备考，结果却与梦寐以求的学校擦肩而过；在社团，自己明明已经拼命练习，结果还是没能赶超对手，成为正式成员的日子遥遥无期……

　　再拿工作以后的事来说，有时无论自己在工作中做出怎样的成果，都得不到预期的评价，与上司的价值观不同、脾气不合，还可能会陷入怀才不遇的境地；有时尽管受到来自上司或客户的不公正的待遇，很多情况下自己只能忍气吞声；有时在公司内斗不过自己的对手，在公司外赢不了与自己竞争的公司；有时被信任的人背叛，或是被自己喜欢的人冷淡对待……这些都是常有之事。

而每次遇到这种情况就心如刀割、失魂落魄，再也坚强不起来的话，是无法在严峻的现实生活中生存下去的。

在这种情况下，重要的是提高对于这种不如意情况的抵抗力。

从确立动机与原因归属（成功与失败归因于何的问题）的古典心理学实验中，我们可以得到启发。

知名的动机心理学家卡罗尔·德韦克认为，通过改变原因归属的方法，即建立一个将失败归咎于努力不够的认知框架，可以增强无力感较强的孩子的成就动机。

因此，她从 8~13 岁的孩子中选出极度感到自身无力的孩子（遭遇失败就会立刻失去干劲而导致成绩下降），对其中 6 人进行"成功经验法"的教育，对另外 6 人进行"原因归属再教育法"的教育。

所谓的"成功经验法"就是指一直给孩子设定容易成功的简单课题的方法。

所谓的"原因归属再教育法"就是指让孩子在每五次课题中失败一次（设立不可能实现的基准），之后鼓励孩子再加把劲就能实现，让孩子将失败的原因不是归结于自身的能力不足，而是归结于自己的努力不够的方法。

在这些治疗教育之前、期间以及之后三个时点去观察孩子失败的反应后发现，只有接受原因归属再教育法教育的孩子显示出治疗效果。那些接受原因归属再教育法教育的孩子在失败后出现成绩急速下降的情况越来越少，越来越多的孩子因为相信"只要再加把劲儿就能成"而发奋努力，反而在失败后成绩有所上升。

另一方面，接受成功经验法教育的孩子，在成功的经验中表现优异，而一旦出现失败，则会依旧显示出成绩迅速下降的倾向。

从这项实验中，我们可以得到两点启发。

其一，因为失败会让孩子心灵受伤，所以不让孩子失败，这样并不会改善孩子对失败抵抗力弱的心理倾向。

其二，积极地接受失败并不会导致孩子心灵受伤，也不会使孩子灰心丧气，反倒会让孩子从心底更加发奋努力。而成功经验无论让孩子经历多少，孩子对于失败的抵抗力依旧提高不了。

那么，如何才能让孩子学会坚强地接受事物呢？

首先，最重要的是让孩子通过一遍又一遍地经历这种小失败以及不如意的艰难处境，来习惯失败后的失落。只要经历过一遍又一遍的失败，就会产生习惯的效果，对孩子的冲击度也会大大减弱。而一旦习惯了这种情感上的失落，就能够冷静地应对眼前的问题。

其次，以原因归属再教育法为启发，让孩子在遇到不如意的结果或难以逃脱的窘境时，不是去责备自己"我真没用"，而是让孩子摆出积极的态度，去合理地安慰自己、鼓励自己，这是非常重要的。

比如，"谁都会失败的""经历挫折能让自己变强""结果并不代表一切，重要的是自己拼尽全力去努力的过程""充分努力过后的轻快感才是无法替代的东西"等话语能够传达一种积极向上的接受方式，让孩子注意到这样的话语对其成长也是很有益处的。

5. 运用正确的夸奖方式

社会上广泛推崇"夸奖式育儿"理念，那种"只要夸奖孩子就好"的风潮也在社会上大肆扩散。然而心灵脆弱容易受伤、容易失落、不想努力的孩子和年轻人却越来越多。显然，社会上已经形成一种过分夸奖的风气。这一点我在前文已经指出过了。

心理学家卡罗尔·德韦克与 C. M. 马勒曾为证实"过度夸奖存在弊端"进行了广泛的实验。实验就夸奖会使孩子的心理承受能力变弱，对孩子的成长具有反作用这一点提出了建议，实在耐人寻味。

在这项实验中，让 10~12 岁的孩子做了一些简单的智力测试题，测试的都是些极其简单的内容，测试结束后所有的孩子都被告知取得了优秀的成绩。在那时，将孩子按照以下条件分为三组。

条件一：对孩子说："成绩这么好说明你聪明。"

条件二：对孩子什么都不说。

条件三：对孩子说："成绩这么好一定是你自己努力的成果。"

然后说明一下接下来要完成的两种任务，询问孩子想要做其中哪一个：一种是不是很难、可以轻易完成的任务，也就是可以取得好成绩显示自己头脑聪明的任务；另一种是相对困难、不能轻易完成的任务，也就是可能不能取得好成绩来展示自己头脑聪明，但是却有挑战价值的充满乐趣的课题。

通过研究结果我们了解到，不同条件下的孩子选择要完成的任务也不同。

条件一，被夸奖"头脑聪明"的孩子中，有67%的孩子选择了简单的任务。这个比率已远过半数。与此相对，条件二，对他们什么都没说的孩子中，选择简单任务与困难任务的孩子几乎是各占一半。然后，条件三，被夸奖自己"努力"的孩子选择简单任务的比率仅为8%，92%的孩子都选择了困难的任务。

这项研究结果表明，就夸奖对孩子动机产生的影响来说，夸奖方式不同，对孩子动机的影响也不同。

夸奖孩子"头脑聪明"，赞誉孩子能力，会暗示大人对孩子高能力的期望。而这种暗示会使孩子产生不想辜负他人的想法，也会使孩子对于万一辜负了期待该如何是好而心生不安。在这种暗示下，孩子也就更倾向于选择成功的确定性较高的简单任务。而这种害怕失败、拘泥于结果的想法也会使孩子做事畏首畏尾。

与此相对，夸奖孩子的"坚持"，赞誉孩子的"努力"会暗示大人对孩子努力态度的期望。在这种暗示下，孩子心中不想辜负他人的想法也会愈加强烈，被"必须要更加努力"的想法所驱使，也就倾向于选择困难的任务。因为比起结果，他们更在意态度上的努力，所以他们更倾向于去挑战。

到此就应该明白"无论发生什么事，只需夸奖就行"这一想法的错误之处了吧？夸奖式教育被过度推崇，而夸奖本身是存在弊端的。就夸奖方式而言也有其诀窍所在，这一点千万不要忘记。

6. 在相处中培养孩子的同理心

　　对于生活在"社交文化"中的日本人而言，可以说最在乎的莫过于人际关系是否顺利。

　　即便是大人，也会因为人际关系而产生巨大心理压力，导致无法专心工作，有时甚至还会因为人际关系想要更换工作。更不用说孩子在幼儿园的活动以及在学校的学习了。无论想要在活动还是学习中集中精力，良好的伙伴关系是其大前提。

　　为此，培养孩子同理心是极其重要的。对他人感受产生高度共鸣的孩子，会被朋友喜欢，被朋友所依赖，也就容易建立良好的人际关系。而同理心弱的孩子在与朋友的关系中容易对对方的感受产生误解，很难建立良好的人际关系。结果，在幼儿园或学校无法建立安心的生活环境，也就很难集中精力于眼前的活动与学习了。

　　所谓的同理心，指的是理解对方的感受。要想培养同理心就有必要将对方的视点纳入自己的范围。虽说如此，将他人的视点纳入自己的范围本来就是不可能的。因此，这需要时刻关心对方的立场以及感受，充分发挥自己的想象力。那么，怎样才能具备这种同理心呢？

其中一点就是孩子在与朋友玩耍中可以提高自身的同理心，我想这是大家有目共睹的。另外，比较容易忽视的一点是，父母的措辞在很大程度上会影响孩子的同理心。

父母对孩子来说是极其重要的语言环境，因此，父母对孩子以及周围人采取的措辞不同将会严重影响孩子在与自己的朋友交往的时候所使用的措辞。

不仅是措辞，父母如果平时总说些体谅对方感受的话语，孩子也会逐渐学会去想象对方的立场与感受。

那么，作为父母什么话该说什么话不该说呢？

父母可以在日常的所有对话中下功夫。比如，在不经意的谈话中，说一些"××应该会非常高兴吧？""××会作何感受呢？""××肯定会很失落吧？""××会不会很伤心呢？""如果你这么说他，他会作何感受？"之类的从他人立场考虑的话，利用这一点点的机会引导孩子运用其想象力去思考朋友的立场与感受。

在与孩子一起读绘本或儿童书的时候说一些"这个人好像非常得意呢""这个人为什么哭呢？"等关于登场人物感受的话；

或者说"这只小狗真孤单啊！""这只小鸟好像很高兴呢"等，即便不是人类也要让孩子去想想其感受，以此来培养同理心。

在公园玩耍的时候，看到蚂蚁在搬运其他昆虫的残骸时，对孩子说"蚂蚁们在努力往他们的巢里搬食物呢"之类的话，在散步途中看到睡得正香的小狗，对孩子说"**小狗在舒舒服服地睡午觉呢**"之类的话，看到背阴处放置的盆栽的花时，对孩子说"**这些花真可怜啊！肯定在喊着'真冷啊，真冷啊，想去晒太阳！'**"之类的话，将孩子的视点引向对方，对孩子说一些思考对方感受的话，以此来培养孩子的同理心。

7. 同理心可以提高孩子的情绪控制力

在美国电影中，以下的场景并不少见：一个人遇到一点小事就发泄情绪，以一种非常激烈的口气提出抗议，甚至大声怒斥、四处撒气。为什么美国人这么容易被激怒呢？有时感觉这只是因为他们的脾气过于火爆吧。

为什么美国人这么暴躁呢？可能他们的性格因子里原本就具有很强的攻击性，不过这也与其同理心弱有一定的关系。

日本精神病学家土居健郎发现了"撒娇"这一日本独有的概念。在美国研修期间，土居健郎发现美国精神科医生同理心很弱，他对此感到非常惊讶，并以此为经验做了以下叙述：

"我在美期间曾得到机会重新观察精神科医生接触患者的实际情况。总的来说，美国精神科医生面对患者失去自我控制时，表现得极为迟钝，也就是说，他们几乎体察不到隐藏在患者内心深处的撒娇依恋。"

"普通人自不必说，就连标榜自己是精神以及情感方面的专业医师的精神科医生，而且还是接受过精神分析性理论教育的医生，竟然一点都感受不到患者内心深处那种渴望被爱的希求。对此我感到非常惊讶。我不得不承认，文化对人们的制约是多么的根深蒂固啊！"（土居健郎《"撒娇"的构造》）

果然当一个人个体意识太强，那么他对于他人感受的共鸣就会非常迟钝。日本人从不把内心感情显露于外与其重视"克己心"的传统有很深的关系。而其个体意识薄弱，能够与他人融洽相处，也与其同理心强有一定的关联吧。

"为什么？这么做不觉得奇怪吗？"

当缺乏同理心的人在让自己如此怒不可遏的情况下，如果能与对方的立场和感受产生共鸣的话，就不至于一下子生气到如此地步。当缺乏同理心的人在"你给我适可而止啊！我是绝对不会原谅你的！"等一时冲动而失去冷静的情况下，如果能与对方的立场与感受产生共鸣的话，就应该能够保持冷静。

动不动就被激怒的人不会想象对方的立场与感受，仅仅只拘泥于自己的视点，所以才碰到点事就发脾气。

实际上，同理心越强，这种攻击性情绪以及争执性的反应就越少。另外，思考对方的立场与感受之后再说话，也能够减少这种具有攻击性的情绪反应。这一点在心理学实验中早已被证明。

在这层意义上，提高自身的同理心与提高情绪的控制力是相通的。因此可以说培养孩子的同理心是非常重要的。

8. 让孩子尽情与朋友玩耍的重要性

孩子们通过学校生活来获取知识、锻炼智力能力，那么，在学校的学习过程中或是长大后将学习成果应用到社会生活中时，孩子究竟掌握了多少非认知能力呢？

非认知能力在很大程度上将会影响人生，而其基础便是在幼儿时期形成的。因此，在幼儿期、儿童期，让孩子充分体验与朋友的交往过程，尽情地玩耍是非常重要的。

父母总是配合孩子而朋友却不会。孩子在与朋友玩耍的过程中，因为任性而又以自我为中心，遇到一些不如意的情况也是常有的事。有时会因为朋友的任性而生气，有时还会大吵一架。要么把朋友弄哭，要么被朋友弄哭，很多情况下也会无可奈何忍气吞声吧。

就在这种一来一回的交际中，孩子会认识到每个人都有自己看问题的角度，也就学会了忍耐。由此逐渐具备对对方感受的共鸣能力以及对情绪的控制能力。这种能力正是非认知能力最重要的要素，而且在很大程度上是在幼年时与朋友的交往中逐渐形成的。

越来越多的年轻人因为交不到朋友而烦恼。我也接受过大学生这方面的咨询，据说与朋友相处不好所带来的伤害是非常严重的。不只是交不到朋友的问题，这也会造成他们在进入社会后难以适应的问题。

因人际关系而四处碰壁，其一部分原因就在于小时候缺乏充分与朋友交往的经验。所谓的与人保持距离的方法也是应该从幼儿时期与朋友的交往中慢慢体会到的，而不是在其长大后去教他应该这样做那样做，让他在头脑中去理解，告诉他要顺其自然。

如果孩子在其幼年时期没有在玩耍中与朋友相处的经历，就难以在非认知能力方面打好基础，也就不知道如何去对待朋友了。由此，这种对人的恐惧与不安会极度强化，会给自己与朋友的关系产生消极影响，也使得很多孩子交不到朋友，在学校没有自己的容身之处。即便运气好交到了朋友，也会因为自己不懂得如何对待他人，总会产生"他会不会觉得我这么做很奇怪""他会不会觉得我这个人很无聊"等不安情绪，也就无法积极地去接触他人。如此一来，孩子的生活空间就会变得非常狭小，走入社会时也就不会那么自信了。

在企业中缺乏交际能力的年轻人是最让人头疼的。在招纳新员工时更加重视这种交际能力的企业已经呈现出一种压倒性趋势。可以说，这也是因为越来越多的年轻人在小时候就缺乏和朋友玩耍的经历，直至其长大成人也不习惯与人相处。

"宅"问题已经成为一种非常严重的社会问题，这和交际能力的缺乏有很大联系。好不容易积攒起来的知识、提高的智力，如果在社会上没有容身之处的话，就无法将自己的这些能力发挥出来。

如此想来，从幼儿期以及儿童期开始，就让孩子与朋友尽情玩耍，强化孩子交际方面的非认知能力非常重要。

那种交不到朋友、整日宅在家中的年轻人日益增多。我对此感到担忧。我也曾提倡过开展"人际关系早期教育"，近来，这一倡议的必要性更加显著了。

玩耍不仅能培养孩子的同理心、情绪控制力、交际能力，更是培养孩子的主动性的重要途径。近来，家长们总是动辄毫无章法地让孩子们从幼儿期开始就学这学那，剥夺他们玩耍的时间。然而，孩子们并不能够通过这种遵照指示行动的学习模式来培养主动性。人们普遍认为相比各类辅导班，游泳、体操、足球等运动类的兴趣班更加灵活变通，但实际上，二者都只是让孩子遵照授课者的指令做出行动罢了。

而孩子们在一起玩耍时，不会遵照成人的指令，而是根据自己的主动性来四处活动。孩子们会在和他人的思维碰撞中，提升自己的与他人协调相处的能力。

因此，让孩子在日常生活中能够随心所欲地四处玩耍，依照自己的主动性去采取行动非常重要。让孩子忘我地将身心投入到玩乐之中，既能使他感受到生活的充实，又能培养其主动采取行动、专心处理问题的能力。

一味遵照老师或教练的指示，或在制定好的框架内采取行动，孩子只会养成盲从指示、被动接受的习惯，而无法培养出主动性来。

在幼儿期以及儿童期尽情玩耍的经历不仅能够增强孩子的同理心，提高孩子情绪控制力、交际能力，培养其主动性，还能提高他们的专注力和想象力。

很多家长都会发现，当孩子在做作业遇到难题时，即便自己进行辅导，孩子也总是轻易走神，毫无定力。然而实际上，不论是什么样的孩子，在玩耍的时候都会显示出惊人的注意力集中的能力。

有过育儿经历的父母都应该有过类似的体验：孩子在公园玩得正欢，不论父母怎么对孩子说"该回家了"，他都只是一心玩耍，对父母的话不予理会，就算父母再怎么催促，也只能得到一句"再玩一会儿"。

　　集中注意力做某件事，能够有助于培养孩子的专注性。孩子在幼儿期、儿童期通过玩耍来培养专注力至关重要。在这段时期内，让孩子养成将精力集中于一件事的习惯，将来必须专心学习时，孩子也将切身感受到专注的重要性，从而能够做到专心学习。

9. 在孩童时期提升韧性是极为重要的任务

人生有起有落，只要活在这个世上，体会到的就不会只有开心与快乐，还有痛苦、辛酸与悲伤，会有这样那样的不如意。人生在世，就必须坚强乐观地向前进。

因此，把孩子培养成不会因为一点琐事就消极颓废的心智坚强之人，就是育儿和教育当中最重要的目标。

和学生们接触一段时间之后我不禁发觉，近来，人们忘记了育儿和教育的根本，就是首先应当培养孩子强大的韧性，即心理承受能力。

有很多人总是无法忍受困苦。这些人在事情进展不顺心时就会立刻开始自暴自弃，要么变得暴躁，要么干脆放弃。他们总是不加努力就声称自己受了打击，一来就站在受害者立场上，说着"反正都做不成"而直接撂挑子不干。我认为这类人缺乏遇事不气馁、坚持努力下去的恒心。

人们开始注意到，有很多人在事情进展不顺心时就无法忍受，不做努力就表示自己"要崩溃了"，这显示出一味保护孩子心灵不受伤害的教育方法是行不通的。因此，人们在教育中，开始更加注重增强孩子的韧性。

　　本书第3章也简单地提到过韧性，它又被称作"恢复力"，指的就是遇到困难也不放弃、坚持到底，遭遇挫折虽一时难过也能迅速振奋精神的能力。思考如何将孩子培养成有韧性、心理抗压能力强的人，就是当下非常重要的任务。

　　韧性强，既指能够认同自己，也指能够相信自己努力的能力，它与自尊心及自我效能感也有关系。在此，我想以增强韧性为前提，探讨培养自尊心和自我效能感的方法。

10. 培养自尊心

　　"自尊心"这一概念也被人们以类同"自我评价"的定义来使用，然而，除了指自我评价以外，自尊心也可以指自己对这种评价做出的情绪性回应。

　　比如说，自己不擅长数学或球类运动，因此对自己的这一方面做了较低的评价。然而，十分烦恼挂心于此和对此毫不在意，会导致截然不同的两种结果。

　　如果一个人自尊心足够强，那么就算自己有不得不给出较低评价的一面，他也不会完全否认自己的价值，继而不会过度消沉。而自尊心较弱的人，一项负面评价就会给自己带来很大的伤害。不做努力就表示自己"要崩溃了"，就是自尊心不够强的一种表现。

　　国际比较调查结果显示，日本的儿童通常缺少自尊心，需要施以能够增强其自尊心的教育，但我们不能盲目认同这一结果。因为就算经历时代变迁，日本人的文化习惯中仍将谦逊视为美德，所以日本的儿童和年轻人一般不会在调查回答中炫耀自己的能力和价值。

不过，就算不考虑这一因素，从当下日本的现状中，也可以找出其他使儿童难以培育起自尊心的原因来。

社会普遍认为要培养孩子自尊心，最重要的是处理好孩子与父母的关系，来自父母的沉稳的安全感和坚定的爱意就是孩子形成自尊心的基础。

以批评做错事的孩子这一情景举例来说，父母应在严厉训斥他的同时，内心深处依然信任他。孩子能够从这种严厉的训斥背后感受到父母对自己的信任，而这一信任正是以父母对孩子坚定的爱意为支撑的。于是孩子就会想要为了不辜负这份信任而反省自己。不过他们可能还是会因为一时冲动，或是出于不想付出努力的心理，不知不觉中再次犯错，然后就会受到家长更加严厉的训斥。而当他再次从父母严厉的言辞中感到那种以坚定的爱意为支撑的信任时，就会从心底感到愧疚。久而久之，孩子就能够认识到自己的价值所在，从而提高自尊心。

然而最近，"精神创伤"一词越来越广为人知，人们都推崇对孩子进行"夸奖式教育"，所以不少家长就开始过度忧心。家长们不想让孩子受伤或不想被孩子疏远，就算他们犯了错也狠不下心进行批评，终日小心翼翼地与他们相处。

孩子会受到父母这种忧虑和不稳定的心态的影响。父母的这种态度或许能让他们感受到爱，却不能让他们感到父母对自己的信任，因而自己也无法信任自己。

教师因为自身工作繁忙，再加上受到孩子的监护人等多方来自社会的严格审视，也就很难有底气与孩子"对峙"。成人的这种不稳定的心态，就会阻碍孩子自尊心的形成。

因此，孩子的父母、老师以及其他成年人，应注意给予孩子更多信任，不过度地保护他们，自己也应注意维持沉稳可靠的态度。

想要安慰受挫的孩子时，要相信他不论遇到什么困难都能勇敢面对；大声鼓励缺乏毅力、动辄气馁的孩子时，要从心底相信他虽然暂时恒心不足，但很快就能发奋努力；批评叛逆的孩子时，也要相信他虽然一时反叛，也能在不久后理解自己的良苦用心，继而毫不犹豫地批评他；训诫总是不成器的孩子时，也要发自内心地相信他本人也一定不好受，总有一天他一定会明白不能总这么浑浑噩噩。

正因为大人不够信任自己的孩子，要么对待孩子过于小心翼翼，要么只会顺着孩子的心意说话，要么总是对孩子过度保护，孩子才无法培养出稳定的、有安心感的自尊心来。

11. 给孩子增加适当的负担，培养其自我效能感

　　有的孩子即使身处逆境也不灰心丧气，正因为他们相信自己一定能坚持到最后。

　　我们都知道，即使明白能使事情顺利进展的方法，也并非人人都能将其付诸实践。因此，心理学家阿尔伯特·班杜拉将"期望"分作"这样做就能顺利进行"这一"结果期望"，和"自己能够做到这件事"这一"效能期望"。自我效能感就是效能期望。

　　举例来说，就算大家都知道每天学习 30 分钟的英语后再去上英语课，就能更好地理解课堂内容，有的孩子能做到每天坚持学习 30 分钟，有的孩子就做不到。这种将构想付诸实践的能力，就和自我效能感有关。

　　遇到困难轻易放弃的这种心态，也是导致孩子韧性较差的原因之一。缺少毅力和恒心，无法持续努力，也跟自我效能感有关。

和学生们谈话时，就算我建议"再试着努力一下怎么样"，也有人会消极地答道："不用了，反正也成功不了。""我意志力薄弱，所以做不到。""就算努力了也没什么好事发生。"如此还未充分努力就已经放弃。这正是因为他们缺少通过努力克服困难的经历，所以自我效能感较低。

有时会有学生来向我寻求建议，说自己在这之前都靠保送推荐，实际上从没有真正地努力过，很担心过度的努力会给身心带来伤害。近来，不论是学习还是其他方面，这种实际上从没有真正努力过，尽管嘴上说想知道努力的方法，又担心自己奋斗进取给身心带来危害的人越发让人不得不注意。

有的家长因为顾虑到不能让孩子受伤，为他们排除前进路上的一切困难，并且为了让他们在成长过程中不经历任何挫折，而尽己所能地保护他们，以处处为孩子考虑的态度柔和地与他们相处。孩子也因为一直生活在这种受保护的环境中，所以不会受到任何伤害，也不会陷入任何困境，就这样匆匆结束了学生时代。

也有说法称，孩子经历挫折容易受到打击，为了培养他们的自信心，应该给他们设立稍做努力就能实现的目标，引导他们累积这种成功的经历。但是，一旦进入社会，等待他们的就都是无论怎么努力也无法顺利进行的事，会让他们体会到一个困难接着一个困难的心酸。甚至在进入社会之前，孩子就已经经历了诸如无法考上心仪的学校，社团活动中努力了也打不赢比赛等诸多挫折。

以日本高中棒球联赛"甲子园"举例来说，这个比赛由各个地区夺得第一的学校参加，并且全国也只有一所学校能最终获得冠军，除此以外的其他学校的棒球队队员们都只能受到打击而流泪。"箱根驿传"这一长跑接力赛也是一样，只有一所大学能够取得最终胜利，其他所有参与的大学，以及在预赛就败下阵来的大学的长跑队员，都会因遭受挫折而哭泣。步入社会后的职场生活也是类似，前方尽是挫折。在这时，能够让自己从困境中走出来的能力尤为重要。

教育和育儿方面最为重要的不是对孩子过度保护，为他们摆平困难，而是让他们经历挫折，培养他们战胜挫折的能力。努力战胜逆境的经历将帮助孩子形成自我效能感，继而，他们就会相信只要自己努力也能成功，这样才能在面对困难的时候努力下去。

为了培养孩子的这种能力，就要给他们增加适当的负担，并让他们直面困难。父母不能为了避免孩子受到打击，而提前为他们扫清前路的障碍。因为这会剥夺他们提升自我效能感、提高韧性的机会。在这种过度保护下成长起来的孩子，会变得难以面对逆境，将来反而要吃苦。只有在孩子进入社会之前培养好韧性，他们才能在社会的狂风巨浪中站稳脚跟。

和健身是同样的道理，想要有所成效就必须勉强自己做超过能力范围的训练。面对困难倍加努力，并且成功克服困难的时候，孩子就能够相信自己只要努力也能成功，从而形成自我效能感。

就算最后还是不幸以失败告终，孩子也能在自己克服挫败感，竭尽全力地努力的过程中感到充实和舒畅，相信自己只要努力也能成功，从而形成自我效能感。

如今，在育儿和教育方面，人们都过于忽视了给孩子增加适当负担的作用。

12. 最重要的是家长应提高自己的非认知能力

父母提高自己的非认知能力对于提高孩子的非认知能力至关重要。父母对待事物的态度会通过口头禅表现出来，而孩子会通过模仿父母的口头禅受到这种态度的影响。

儿童复述身边的人或憧憬的对象常说的话，学习他们的动作乃至生活方式的这种行为，在心理学上被称作"模仿"。而父母，正是离孩子最近的模仿对象。有过育儿经历的人应该都有过类似的体验：自己虽然没有特意让孩子学习，却发现他们已经将自己的一个不起眼的习惯模仿了个透彻。

尽管父母时常注意不到，但孩子会不知不觉中与父母越来越像。

情绪控制力差，动辄胡乱发泄情绪的孩子，往往其父母也是易怒的。控制不好情绪，容易气馁沮丧的孩子，往往其父母也是动不动就悲观消极、自我效能感低的人。

有社交恐惧，不擅长与人交际的孩子，其家长往往也处理不好人际关系。不懂得体察他人情绪，常做出一些不合时宜的行为的孩子，其家长往往也难以对他人将心比心。

而性格坚毅，勤奋努力的孩子，其父母通常也是勤于努力的。不论情况再难也不放弃，仍然坚持努力的孩子，其父母一般也有较强的韧性。

当然，家长的品格并不会决定孩子的一切，自然还有其他各种因素在影响，但家长带来的影响更大，因此家长必须提高自己的非认知能力。

想要做到这一点，家长可以先试着提高自己的自我监控意识。"自我监控"，指的就是观察自己的共事对象和周围人的反应来判断自己的言行是否合理，从而进行调整的行为。

有的人就无法及时察觉到共事对象已经感到不愉快；有的人注意不到自己的话语会伤害到对方；有的人则无法察觉到周围人已经对自己说的话感到厌烦而继续滔滔不绝。正因为没做好自我监控，他们才会对共事对象和周围人的反应毫无察觉。

不在意共事对象和周围人的反应，不做好自我监控，言行举止就会不合时宜，容易被厌烦或是给人留下不好的印象。

因此，家长也应反省自己是否做好了自我监控，如果仍有不足，就应该注意改进。

如果做不好自我监控，孩子就很有可能会通过上述的"模仿"机制学到家长不好的言行。不仅如此，家长也很可能会察觉不到孩子的变化，从而无法及时采取相应的措施。

13. 注意时常自省

为了提高自身的非认知能力，家长也需要清楚地认识现在的自己。为此，需要留出自查自省的时间。

比如说，家长们可以试着回顾自己在各种情境下的情绪反应习惯，来审视自己的情绪控制力。

可以试问自己：我常常在什么时候会变得情绪化？感到烦躁或生气时，能够抑制住自己攻击性的冲动情绪吗？自己曾有过压抑不住愤怒，或者索性自暴自弃的经历吗？自己的情绪容易在什么时候失控？

像这样进行自问自省，就能够对自己情绪管控方面的习惯有更深的体会，而这种情绪习惯会在不知不觉中对孩子产生影响。

希望家长们也要注意尽量不要发泄自己的愤怒，不要动辄消沉低落，不要被情绪所支配。家长如果一直管控不好自己的情绪，孩子也会在不顺心时轻易发泄自己的愤怒，因为一点琐事就悲观颓丧。

而当父母能够很好地管控情绪时，生活在他们身边的孩子也会自然而然地管理好自己的情绪。因为孩子不仅能观察到父母对自己情绪化的样子，也会观察父母对他人情绪化的模样。因此，一家人在讨论在自家外发生的大事时，父母也要注意不能情绪化。

父母也应通过回顾各种情景来审视自己的忍耐力和努力程度。

试问自己：是否有过坚持不懈地完成某件事的经历？是否曾对某事感到乏味或心生厌烦而半途而废？是否对这半途而废感到后悔？自己在面对困难时，会给出什么样的反应？是否有在艰难的条件下也坚持到底的经历？自己当下是否在为了什么而努力？是否在坚持不懈地做某件事情？

像这样进行自问自省，就能够对自己的忍耐力和努力程度有更深的体会。

父母也应通过回顾各种情景来审视自己的同理心和对他人的体谅程度。

是否曾因体谅他人而采取什么行动？是否有过没能做到将心比心，伤害了他人的经历？是否时常注意换位思考？是否被其他人说过不懂得体谅？是否有不擅长察觉他人情绪的一面？

像这样进行自问自省，就能够对自己的同理心和对他人的体谅程度有更深的体会。

孩子会通过和父母的交际及自己的观察，学习到父母的这种心理习惯。

大多数时候人们难以察觉到自己平时常说什么，但其实口头禅正是人自身思维模式的反映。于是父母的口头禅就会影响到孩子常把什么话挂在嘴边，进而影响孩子思维模式的形成。这样一来，家长就不能轻视平常无意间常挂在嘴边的一些话。家长们应该都有过发现孩子不知道什么时候开始模仿自己口头禅的经历吧。

比如，如果父母遇事就说*"我干不了了""我肯定不行""我根本做不到"*这类悲观消极的话，那么孩子也会变得悲观低沉，变得轻易言弃。

反过来，如果父母在日常生活中经常说*"车到山前必有路""不试试怎么知道不行""要尽自己的最大努力""总之先努力一把试试"*等积极性的言论，那么孩子也会变得努力奋进。因此家长也要时常注意多说一些能够鼓励孩子积极向上、持续努力的话。

同时也要注意在直接和孩子接触时，尽量不说*"放弃算了""不用太过努力"*这类消极的话，而是多说*"好，加油吧！"*

"不要放弃，坚持到底！"这类鼓励孩子进取努力、坚持到底的话。

孩子将通过这些在平常无意间与家长进行的沟通交往，形成自己的非认知能力。因此，家长应好好认清自己包括口头禅在内的心理习惯，时常注意提升自己的非认知能力，从而促进孩子非认知能力的提高。

第 5 章

通过孩童时期的严格管教养成好性格

1. 从阅读看习惯养成的威力

无论学习、运动还是工作，要想接近自己的目标就需要不懈的努力。但是，如果没有十足的毅力，是很难坚持到底的。人很容易安于现状，无法战胜自己懒惰的内心而选择偷懒。因此，要想将某件事坚持下去，需要强大的意志力。

就算下定决心要坚持做些什么，也会在懒惰心理的促使下，轻易地产生放弃的念头。那种"今天就先到这里吧"的试图中断的想法很容易成为一种习性，在一次又一次的中断后难免会选择放弃。

不仅是孩子，大人也是如此。比如，下定决心以后要每天早起晨跑、学习，结果在早上闹钟响起时，却睡意未消，就会想"今天先算了吧"，继续倒头大睡。在这种情况下，要想能起得来就需要有足够强大的意志力。

不过，习惯于早起的人，就算不去发挥意志力，也能很自然地早起。而且，习惯于跑步或习惯了坐在桌前学习的人，也能理所当然地投身于行动。他们并不需要强大的意志力来维持自己的行动。

"习惯养成"的意义就在于此。习惯养成后，即便缺乏意志力，基本上也能自主地做出理想的行为。

在教育现场，我深切地感受到学生们阅读习惯的缺乏。我们进行思考时需要借助语言，因此，如果不进行提升语言能力的阅读的话，就很难掌握一定的思考能力。

我曾把这些话讲给学生们听，受到触动的学生跑来问我：

"怎样才能让自己学会读书呢？"

"我以前没有看过书，最开始看什么比较好呢？"

几乎没怎么看过书的学生，不可能突然看懂晦涩的书，即使是简单易懂的书，也很难长时间读下去。

因此，我在给学生们推荐即便意志力薄弱也适合阅读的书的同时，提议："坐电车的时候，抽出 10 分钟玩手机的时间来看书怎么样？"有些学生因此逐渐延长了阅读时间，但也有学生在两周后受挫。

而从中学时期开始就养成了阅读习惯的学生，并不需要什么意志力也能很自然地阅读。但由于没有阅读习惯的学生太多，所以从几年前开始，我不再让学生阅读相关书籍并提交梳理意见、总结感想的课题报告。因为当我告诉学生不要在网上查个梗概就敷衍了事而应该认真阅读时，有不少人告诉我：

"就算您让我读，我也读不懂，实在是没有办法。"

习惯力量之强大，从事教育事业的人应该都深有体会。说起孩童时期形成的习惯，可能很多人首先会想到饮食习惯、睡眠习惯、运动习惯等基本的生活习惯。然而，能促使孩子自主地养成符合社会期望的习惯，也拥有不容小觑的威力。

2. 近代著名哲学家也提到了习惯养成

　　为确立近代教育思想做出卓越贡献的哲学家约翰·洛克，曾强调"习惯养成"在教育中所承担的作用。

　　"必须高度重视孩子精神的养成及其早期的训练。这些事情会对孩子产生终生的影响。"[①]他认为在孩童时期，将孩子符合时代期望的行为习惯化对其将来的生活会产生很大影响。同时他极力强调"克己心"。

　　"就像体力主要体现在对困难的承受能力上一样，精神力也是如此。所有的品德与价值的伟大原理与基础就在于拒绝自身的欲望，抑制习惯性行为；就在于即使欲望的天平倾斜，也能一心追随理性的指示，毫不动摇。"

---

①此处根据原文文中注，引自 John Locke 著、服部知文译《教育に関する考察》，以下相关引用来自同书。译文根据日文版翻译。下同。——译者注

由此可知，约翰·洛克设想与施加负荷可以锻炼身体相同，克制欲望可以锻炼精神力，并进一步提出观点：克制欲望的能力是通过从小的习惯培养出来的。

　　"所有的美德和优良品质的作用原理，就在于抵制不理性欲望的控制力。这种能力来源于习惯，并依靠习惯进行提升、实践，最终形成一种轻易就能实现，张手就来的事物。因此，希望大家能倾听我的忠告：我们应该放弃通常的做法，甚至让孩子在摇篮中就习惯于克制欲望、习惯于忍受求而不得的痛苦。"

　　在遇到不顺心的状况时，有的人会立刻意志消沉、大动肝火，也有的人能够保持冷静、坚持到底。这就显示出了人与人之间韧性的差异。

　　不过，当时并没有韧性这个概念。用今天的话来讲，约翰·洛克的看法可以说是：一个人韧性的强弱，根源于能否在小时候将控制欲望习惯化。

　　约翰·洛克举了一个例子：在孩童时期轻易就能获得想要的东西、从不忍耐的孩子，长大后会沉溺酒色；而在孩童时期养成忍耐习惯的孩子，长大后就绝不会如此。他进而提到："这种差异不在于欲望的有无，而是在欲望中是否能够把控自己、克制自己。年轻的时候不习惯克制自己的意志、不习惯服从于他人理性的人，即使到了应该活用自身理性的年纪，也很难做到倾听、服从于自身的理性。"

而且，他认为这种差异起源于孩童时期的家庭教育，"有的孩子习惯于表现出想要的意愿或哭闹就能获得任何东西，也有的孩子在无法得到时习惯于忍耐。"他强调，由于孩子们养成的习惯不同，长大后的人生也会大不相同。

3. 在日本不能培育孩子韧性的现状

最近，日本年轻人韧性不足的问题，无论是在教育界还是产业界都已是愈发严重。我认为这是因为孩子习惯了"夸奖式教育"这一育儿、教育方式所营造的积极氛围，不再具备对消极氛围的承受能力，在逆境面前也就显得十分脆弱。

前文已经介绍了在大阪市的委托下，我于 2006 年开展的调查。在这里，想介绍一下以大阪市内的幼儿园教师为对象，我在 2007 年开展的部分调查的结果。调查结果显示，最近看到孩子的父母时最担心的问题是："父母过分照顾孩子"（担心占 65%、不担心占 14%）；"父母过于娇惯孩子"（担心占 57%、不担心占 19%）；"父母过于以自我为中心"（担心占 45%、不担心占 22%）；"父母的行为过于粗俗"（担心占 59%、不担心占 18%）；"父母对孩子的管教过于疏忽"（担心占 47%、不担心占 24%）；"父母过于关注孩子"（担心占 41%，不担心占 27%）。

从这些结果中我们可以看出，很多幼儿园教师对于父母缺乏锻炼孩子韧性的意识，过分照顾孩子、娇惯孩子、对孩子疏忽管教、过于关注孩子的现状表现出了极大的担忧。这样的育儿方式下培养的幼儿园孩子，如今已经变成了 15 岁以上的年轻人。

而且，在那之后过了近 10 年的 2016 年，我以山形市儿童课后辅导班和儿童教育班等机构中负责照顾孩子的人为对象，展开了调查。在调查结果中，认为"娇惯孩子的父母在增加"的人占 72%（不这么认为的人占 2.6%）；认为"对孩子严格管教的父母越来越少"的人占 72.4%（不这么认为的人占 2.6%）；对于"很多家长看孩子脸色的行为"表示担忧的人占 65.5%（不担忧的人占 7.8%）；认为"不严格批评孩子的家长在增加"的人占 78.4%（不这么认为的人占 6.5%）；认为"很多父母觉得严格批评孩子会伤害孩子"的人占 51.8%（不这么认为的人占 12.2%）；认为"如今的教育中缺乏对孩子的内心锻炼和培养"的人占 81.0%（不这么认为的人占 0.9%）。

也就是说，和孩子们日常生活密切相关的其他大人，都觉得现在父母缺乏锻炼孩子韧性的意识。

约翰·洛克的下列观点，对日本的现状具有重要的教育意义："我认为在人们养育孩子的过程中，存在一个重大的误解。

也就是说，（中略）没有及时而充分地关注孩子的精神健康。孩童时期孩子的精神极为柔软、易变，但父母在这时并没有引导孩子顺从规则、遵从理性。（中略）他们在教育孩子时，（这令我感到十分震惊）避免与孩子针锋相对，放纵孩子为所欲为，因为孩子小不懂事而对孩子生活不规律视而不见。"这类父母过度溺爱孩子，不去纠正孩子顽固的坏毛病，放纵其发展，正是忽视了习惯的强大力量。约翰·洛克在这一点上警示家长们要加强注意。

"父母在孩子小的时候哄其开心、过分宠溺的行为，实则是在断送孩子的天生优势。（中略）如果孩子长大后养成恶习，（中略）父母又会反过来感到无法接受、哀婉叹息。"这样的情况已是屡见不鲜。"发生这样的事情，完全是由于父母于无形中唆使、过分宠溺而导致的。"

在文末，作者还指出："自由与放纵决不会给孩子带来好的结果。小孩子缺乏判断能力，因此父母有必要对其言行举止进行束缚和训练。"

这对于日本的现状来说，实在是具有重要的启发性。

4. "承认自己现状"的错误认知

　　孩子在孩童时期没能锻炼自身韧性的原因之一，便是"保持现状就好""做事不用勉强"这种表现心理关怀的陈词滥调在社会上的肆意扩散造成的。其实这种认知存在误解，导致家长认可孩子的行为和心理倾向，而从未想过进行修正。

　　当然，接受自己的现状，即所谓的自我接纳，在积极生活方面有重要的意义。

　　不过，这仅仅是意味着：虽然自己还不成熟，存在很多考虑不到的地方，但对于每天拼命努力、坚强生活的自己还是要给予认可；不要因为还不成熟就去责备自己，而是去接受这样的自己。

　　这绝非保持现状就好的意思。如果只是保持现状，觉得自己无须改变，人就不会成长。如此一来，那些心灵脆弱的孩子，再怎么长大也改变不了其心灵脆弱的状态，遇到事就意志消沉，一旦消沉就很难恢复。他们讨厌这样的自己，每日郁郁寡欢。

如果让孩子变成那样的话真的好吗？作为父母真的希望孩子过那样的人生吗？如果可以的话，难道家长们不想让自己的孩子拥有强大的内心、过更加积极向上的生活，别每次都因一点小事就受到伤害、意志消沉吗？

　　所谓的"保持现状就好""不用勉强自己"等表现心理关怀的陈词滥调，其实是一种自我保护。在心理受到极端伤害而处于病理水平时，在这样的状态下还要努力向前实在残酷。故而通过这样的话语来让自己紧急逃离现实生活，寻求暂时的保护。

　　这种认知广泛应用在日常生活的各种场合，而随着这种风潮在社会上的扩散，年轻人受此影响，接受了平日不努力不求上进、不提高自我控制力、弱小不成熟而容易受伤的自己。这样的年轻人正变得越来越多。

　　在这什么都可商品化的时代，即便是面向孩子的心理咨询也呈现商品化的倾向，希望大家不要被某些言论所诱导。

　　孩子因为精神上得不到锻炼，碰到一点小事也会受到很深的心理伤害。动辄就会失去自信，由于缺乏自信和拥有强烈的不安感，会过度在意他人无意间的话语和态度。一遇到烦心事就意志消沉、停滞不前，很快就萎靡不振，从而无法努力上进。最终，只剩下不满和牢骚，被自我厌恶所折磨，更加失去自信。

总之，孩子消极的人生源自于孩子的韧性不足。

因此，"保持现状就好""做事不用勉强"这种紧急情况下才使用的心理关怀的话语，我们不要用在平常生活中。要想提高韧性，就需要下功夫加强锻炼自己的内心。这两点是非常重要的。

5. 与其"不伤害孩子"，不如"锻炼孩子使其不轻易受伤害"

如前文所述，不让孩子受伤的教育会让孩子对伤害的承受能力变弱。

通过让孩子不断经历小的失败，积累设法从不如意的状况中挺过去的经验，才能锻炼孩子的心灵不轻易受到伤害。

"商人"们将不伤害孩子的育儿方法作为一种商品进行销售时，经常会使用诸如"不经意的伤害会给孩子造成心理创伤（指心理上受到的损害。简而言之，会在孩子之后的人生中留下阴影的心理上的损伤），他们会因此无法积极地生活下去"这种具有威胁性的宣传语。然而，其实只有在受虐待等极端情况下才能产生这样的心理创伤。

那些诸如"因为会造成心灵创伤就不能去伤害孩子"的说辞，就跟"突然让人举起 30 公斤的杠铃，有的人会肌肉酸痛，所以锻炼肌肉十分危险，千万不能进行锻炼"的说辞如出一辙。

相信谁都能明白这种道理的可笑。为了让肌肉得到锻炼，要在合理的范围内进行负重，也就是说一点点地提高负重才是锻炼肌肉的窍门。

心理的负重也是如此。反复经历小的失败或遭遇稍微困难的情况，可以使人提高对于失败以及困境的承受能力，使人不会因琐事而受伤，而就算受伤后也不会气馁，反而能够振奋精神，从而培养坚强的内心。

从这层意义上来说，不得不说这种出于避免孩子受伤的担忧而想方设法过度保护孩子的做法只是起到了反效果。这种做法无法培养孩子在严峻的现实中生存到底的坚强内心。孩子通过忍受一定的伤害，培养即便在艰难情况下也不气馁的坚强内心，其本人才能够充满自信地直面严峻的现实。

我们要锻炼孩子的坚强内心，使其不会在一点点小事上便心灵受挫。因此，提高孩子对于失败与困难的承受能力是非常重要的。

如今非常流行的不伤害孩子的育儿方式反而催生了更多心灵脆弱的人。这种育儿和教育方式要求父母仅仅在避免孩子受伤上费尽心思，却反对对孩子正颜厉色地训斥，而这种方式并不能锻炼孩子的韧性。实际上，很多在学校和职场上的人应该都能感受到，心灵脆弱的年轻人正在不断增加。

作为父母要态度坚决地告诉孩子什么事不能做，毅然告诉孩子任性与违反规则是行不通的。在如此严格的环境中孩子们的心灵才会得到锻炼。如今最需要的育儿方式并不是"不伤害孩子"，而是要"锻炼孩子使其不轻易受伤害"。

6. 不伤害孩子的育儿方式的错误认识

现今的日本广泛流行着一种不伤害孩子与无须让孩子忍耐的育儿方式，而我们也知道这完全是建立在一种错误认识基础之上的育儿方式。

在现实生活中，自身的所有欲求并不都会如愿以偿。想要的东西有时能得到，有时无论怎么努力也得不到。付出的努力有时能收获成果，有时徒劳无果。自身的能力有时能被认可，有时得不到认可。自身的性格有时能得到善意评价，有时则不能。这就是现实，凡事不会总是顺心顺意。

引导孩子使其能够在这样的现实中顽强生活下去可以说是父母被赋予的使命。因此，从孩子幼年时期开始，教给孩子凡事不会事事顺心这一点是非常重要的。为使孩子学会去承受这些状况，时常让其忍受这些状况是非常必要的。以此来提高孩子对于自身欲求得不到满足时的忍耐力。

过去看来"本应如此"的规范逐渐松弛、坍塌，如今日本育儿方式的混乱正是受此影响。

"男生应该这样，女生应该那样"这种性别规范也开始松动，个人的自由逐渐得到广泛尊重；长子理所当然地继承家业这一规范①开始松动，越来越多的父母尊重孩子意愿让孩子自由选择自己想做的事；到了一定年龄结婚离家这一规范开始松动，不结婚的生活方式风势强劲。在各个方面，无不反映出社会对于个人自由的尊重。

但这并不意味着人可以为所欲为。父母要在一定的规范下教给孩子自由。然而，所有这些规范在逐渐走向崩坏，因此作为父母甚至不知道该教给孩子什么了。

就在父母不知所措之时，诸如"做自己喜欢做的事生活下去就好""将自己喜欢的事作为自己的工作""不用去做不想做的事"之类的语句在社会上广为扩散，导致父母不能充满信心地教导孩子应该遵循怎样的社会规范。

自此，越来越多的父母不再给孩子灌输社会规范，而是认为只要尊重孩子的自由就行了。

_____

①即长子继承制度。——译者注

7. 对孩子进行严格管教以促进孩子习惯的养成

2001 年进行的关于家庭的教育能力再生的调查研究（文部科学省委托研究），调查对象是当今 16~29 岁的正在接受或者已经接受管教的年轻人。调查结果显示，家庭教育能力低下的首要原因是"越来越多的父母对孩子的过度保护、过度宠爱以及过度干预"（66.7%）。

接受调查的年轻人认为宠溺型父母很成问题，但相对而言，他们对于"你想成为什么样的父母"这一问题做出的回复结果却是：回答想成为"能和孩子无话不谈的知心朋友似的母亲""尽量尊重孩子自由的父亲""尽量尊重孩子自由的母亲"的人占 80% 左右。另一方面，想成为严格的父母的人只占了 10%~20%。回答"不会宠溺孩子，做严格的父亲"的人占 17%；回答"不会宠溺孩子，做严格的母亲"的人占了11.7%。

在第 1 章中提到的"父母对孩子的期望"的国际调查（《有关家庭教育的国际比较调查》国立女性教育会馆 2004、2005 年度）中，希望孩子"乖乖地听父母的话"的父母在法国和美国分别达到了 80.1% 和 75.2%，占压倒性多数。而与之相对，在日本只占了 29.6%。另外，希望"孩子在校取得好成绩"的父母在法国和美国，超过了七成，分别占 70.1% 和 72.7%，而在日本这样的父母只占了 11.9%。

这些意识调查的数据表明，与希望严格锻炼孩子的欧美各国相比，在如今的日本，父母更加强烈地希望能给孩子自由。

像这样，不去考虑美国极其严格的淘汰制度与严峻形势，只是单纯引入美国的夸奖式育儿方式的话，教育就会失衡。实际上日本确实缺乏美国那种严峻的形势。

在美国，虽然也重视夸奖孩子的行为，但是父母会对孩子严格要求，绝不允许孩子不听话、任性的行为；学校也会严格要求学生，如果学生不能发挥自身的能力，再努力也会让他留级。而在日本，无论是父母还是学校，都没有一种优胜劣汰的严峻形势，反而去寻求一种心理上的一体感，批评也只停留在口头上。

如今的日本不去考虑这些文化性的背景，仅仅是感觉美国正确而日本落后就什么都引入美国式，才使得现在日本变得如此奇怪。

到头来这种缺乏严厉批评的夸奖式教育方式，并不能锻炼孩子的忍耐力与上进心。而过度尊重孩子的自由，则导致越来越多的年轻人难以适应社会。他们缺乏忍耐力和上进心，只能终日被痛苦所折磨。

正是因为这种家庭管教与学校教育充分尊重这些不成熟孩子的自由，这些孩子直到长大也没有具备自控力，因此很难适应社会，才会觉得处处碰壁。

由此，习惯养成的重要性得以再次体现。尽管有些人认为应该避免对孩子进行强制的管教，尊重孩子的自由，但如果放纵孩子顺其自然的话，他是无法成为得到认可的"社会性存在"的。

在孩子童年时期，对孩子采取强制性措施以促进孩子习惯的养成，并将符合社会期望的行为习惯内化，能使孩子自发地采取符合社会期望的行为。在刚开始的时候，孩子可能会感受到大人的强制力，被动地重复那些符合社会期望的行为，但在此过程中，孩子的行为会慢慢地由被动变为主动。

很多试图否定这种强制力的教育评论家可能会质疑：强制力不就是要体罚和虐待孩子吗？而事实上所谓的强制力并不意味着事事都要加以强制。当然，某种情况下可能需要用严厉的言辞使孩子顺从。一般来说，是指给孩子创造一些机会，给他们灌输一些具有示范意义的言辞。

如此一来，孩子不仅能主动打招呼，也能够克制自己不去做任性的行为；不仅能减少孩子与朋友间的争执，也能够让孩子静下心来读书、写作业。在强制力的约束下，孩子被迫做的这样那样的事，都将成为一种习惯。渐渐地，在没有强制力的情况下，孩子也能够受内心的驱使而主动地行动。

"通过给孩子灌输基本性的规范，以使其获得自由运用这种规范的能力。"这一点在体育界、艺术界已成为一种常识，在打造人格的所有方面也同样适用。

8. 不批评孩子是绝对不行的

这种"夸奖式教育""非批评式教育"之类的宣传口号广为传播，使得很多父母即使孩子不听话也不去批评他们，"因为看着孩子很可怜"，便一味地顺从孩子。

那些基本不批评孩子的父母认为：夸奖会让孩子露出天真无邪的笑脸；而批评孩子只会使孩子心情失落，甚至大哭不止，着实令人可怜。因此，他们索性不去批评孩子了。

无论什么样的孩子被批评都会心情失落。看着自家孩子那样，自然心生怜爱之情。不过，像那种目光短浅的同情，对孩子来说没有任何帮助。如果孩子不改正那些不好的行为和任性的态度，就这样长大的话，那才是真正意义上的可怜。

如今那些娇生惯养的孩子，他们那些不良的行为习惯和任性的态度没有一丝改变。他们中的很多人要么很难与朋友相处，要么在职场上得不到信赖，深陷于各式各样的苦恼之中无法自拔。

我曾以大阪市幼儿园老师为对象展开调查。在"您对最近的父母较为担心的事情"一栏中，几乎一半（47%）的老师认为"父母没有管教孩子的自觉"。由此显示，越来越多的父母缺乏长远的眼光，在孩子的培养方面缺乏一种展望式思考。他们着眼于眼前的孩子心情失落而觉得孩子可怜，却忽略了如果孩子意识不到自己的扭曲和缺陷，就这样长大的话才是真正的可怜。

不久前，我曾就"越来越多的父母不再批评孩子"这一话题让学生写出自己的所思所想。以下便是其中具有代表性的、相似点最多的一些意见：

"我觉得父母不批评孩子是对孩子的不负责任。很多人批评孩子时可能会觉得孩子可怜，但是不批评孩子的话，孩子最后就会变成一个不懂礼数、缺乏常识的人。这对孩子来说不是更不幸吗？"

"批评才能让孩子记住什么事情不能做。孩子做错了事却得不到批评会使得他们对伤害别人不以为意。要想让孩子学会体谅他人，批评是不可或缺的。"

"不批评孩子的父母增加了，将来那些不知忍耐、放纵任性的年轻人自然随之增加。孩子长大后难免会受到上司或客户的批评，预先提高孩子的抗压能力是非常有必要的。"

"不批评孩子的父母增加了，那些不守规矩、难以融入社会的人也将增加，这还不能说明批评对人成长的作用吗？"

"在家缺乏父母的批评教育的孩子，一旦在学校或职场上受到批评时，受到的伤害会更大。而且，孩子犯错而不去批评，孩子就不能学会反省自己，会变得更加任性和自私自利，被周围的人讨厌。这才是真正的可怜。"

"身边从未被批评过的朋友，对于学校老师的批评、旁人的劝告总是抱有抵触情绪，从未受过批评的他们根本不会反省自己的错误。"

"我的父母基本没批评过我。或许是因为这个原因，在外面或在学校，他人的提醒、劝告或批评指责总会让我耿耿于怀。我觉得有必要接受批评提高自身的承受能力。"

"我的父母经常批评我，而我也时常对那些不批评孩子的父母心生向往。但因为我已经对批评习以为常，所以即使在学校或打工的地方被人蛮不讲理地指责，我也不会因此而心理崩溃。而那些成长过程中缺乏父母的批评教育的孩子，要么因为争论而大哭大闹，要么遇事就说些泄气话，将人之脆弱表现得淋漓尽致。"

如此这般，即使是这些被父母宠大的学生们，他们也切身感受到了不批评的坏处以及批评所带来的好处。

这种意识产生的契机，如上所述，要么源于身边没有受过父母批评的朋友，要么源于自己自身的心理倾向。还有的学生在餐馆打工，在那里多次看到明明孩子给别人添了麻烦，但父母却不斥责他们。这些令人惊讶的行为好像也对学生的意识产生了影响。

学生们说，他们在打工的地方经常会遇到这样从不去批评孩子的父母。即便孩子大喊大叫、横冲直撞给周围人造成了困扰，他们也不去指责孩子；就算孩子在打闹时撞到其他客人，他们只会确认孩子的状况而没有丝毫去向被撞到的一方道歉的意思。对于这样的父母，学生们表明了批判的态度：

"孩子给别人造成困扰，应该生气地批评孩子才对。"

"虽然不至于大声训斥影响到他人，不过您至少应该批评孩子几句。孩子这种到处惹祸的行为之所以屡教不改，其责任不在孩子，而在于不批评孩子的父母。"

"我认为这种不批评孩子的父母只会去讨孩子喜欢而荒废了对孩子的教育。"

其中也有不少学生通过打工，接触到社会上很多父母放任孩子的惹祸行为不予批评的事情后，一改以前对不批评孩子的父母的看法，逐渐认识到了父母不批评孩子是绝对不行的。

9. 父母拿出气势教导，能够帮助孩子更好地融入社会

我依然记得自己上幼儿园的时候，常常因为撒野胡闹而被老师训斥。在老师奏响风琴，让大家回教室集合唱歌时，我却无动于衷地在院子里玩得不亦乐乎，因此经常受到老师的批评。但是通过这些批评，我也学到了绝对不要做容易受伤的危险游戏，学到了要遵守规则。

我上小学时也经常挨批评。尤其是四、五年级时的班主任非常严厉。我因为在那之前，从来没有被老师严厉地批评过，所以没有养成做作业的习惯。那时我毕竟还小，如果没人训斥，那听凭本能四处玩耍无疑是更愉快的。然而，四、五年级的班主任却极为严格，因每次布置作业我都会忘记做，所以几乎天天挨骂。而且老师骂我从不含糊敷衍，非常有冲击力。

多亏如此，我养成了做作业的习惯。那位老师曾说过："等你20岁成人的时候会感谢我的。"实际上，我从上了初中就

已经对他心怀感激了。

作为自己所处社会的一员，习得应该抱有的态度和行为模式的过程叫作"社会化"。批评，就是帮助人完成社会化的一个重要手段。

如果放任孩子依照天性生长而不加约束的话，他就只会听凭本能采取行动。放任孩子自由生长，就代表了父母认同他仅凭本能做出的行动。然而，这样是无法让孩子融入社会的。

上课时总也坐不住，在教室里跑来跑去，或者因为想去庭院里玩就跑出教室，这些都会受到批评；想玩同学的玩具于是抢来玩会受到批评；心情烦闷不痛快与同学打架会受到批评；嫌打扫教室麻烦就不值日会受到批评；淘气地搞恶作剧会受到批评；偷懒未完成作业会受到批评；耍小聪明会受到批评；对同学使坏也会受到批评。

在这样被批评责骂的经验的累加中，孩子能学会抑制自己的本能。如果不去批评他，他将只能保持原始的粗野。让孩子一味听凭本能行事，是无法让他逐渐融入社会，成为得到认可的"社会性存在"的。

不过最近，"夸奖式教育""非批评式教育"这种宣传标语越来越广为人知，家长们也深受其影响，学校老师甚至不敢再严格地批评学生了。由此，让那些听凭本能行事的孩子成为

"社会性存在"的重要任务只能落在父母身上了。

为了做到这一点，父母必须拿出相应的气势来。如果父母受到"批评孩子时不加注意会使孩子受伤"等错误信息的影响，只用温和的语气来警告孩子，会产生怎样的效果呢？孩子会乖乖听话吗？

想必孩子都是明白家长所说的道理的。但是，就算心里清楚，也未必能付诸行动。即便大人也不一定就能做到足够自控。明知必须戒烟，却怎么也戒不掉；明知甜食要少吃，却往往忍不住去吃。更何况是即将步入培养自控力这一发展阶段的孩子们。他们就算心中再明白事情的道理，也很难在行为上做出改变。

只有对已经具备了高度自控力的人来说，面带笑容或是语气温和的警告才会有用，才能让他们改变自己的行为。

相比理性，人们更倾向于听凭感性行动。如果父母的教导没有在孩子的心中引起共鸣，他们就不会有所改变。当今时代，家长需要接过拉下脸来严厉批评孩子的任务。

10. 批评将帮助孩子培养出不易受伤的强大心灵

我在教育委员会任职期间，曾有一件事引发了诸多讨论：一位初中老师批评了上课态度不佳的学生，结果，反而是与此事毫无关系的学生家长表达出了强烈的不满。类似这样的事情越来越多。有的学生平时在家就经常淘气而被家长训斥，因此被老师骂了也满不在乎。反而是平时听话老实的孩子，容易因为看到老师发火而受到惊吓。有的孩子甚至因此不再去上学，就算没有这么严重，也会说出"不想去学校了"这种话。这是一个很严重的问题。因此，就有家长投诉说，自己在家都舍不得骂的孩子被老师打击成这样，这种事不可原谅。

这类容易受到打击的孩子通常都是乖乖听父母的话、不调皮、能够把该做的事做好的孩子。或许是没有批评他们的必要；又或者说，就算他们做了什么任性淘气的事情，家长出于溺爱也不会加以训诫。可能原因多种多样，但我们始终不能忘记一点，即批评可以使孩子内心得到锻炼和发展。

前文讲到过，给孩子适当增添精神负担可以锻炼孩子心智。而批评正是这种负担的其中之一。

在孩子给他人添麻烦或逃避自己的义务、耍小聪明、做坏事的时候，父母对孩子的批评不仅能纠正孩子的行为，还能锻炼孩子的心智。而孩子如果在其成长过程中从未被批评过的话，就会缺少这种锻炼自己内心的机会，在长大后可能很难坚强地应对挫折。

当家长越来越倾向于不训斥孩子，动辄"心灵受挫"的儿童和年轻人反而越来越多。即便从这一现象来看，家长也应该能发觉，自己一味不愿意训斥孩子是行不通的。

职场当中大家也开始注意到，现在的年轻人总是动辄心灵脆弱容易受伤，所以无法轻易训斥。也有的公司里的上司会为了下属成长进步而善意地提醒两句，结果反而招来反感。上司十分困惑：自己明明只是正常教导下属，却被投诉成职权骚扰，简直不知该如何是好。也有不少公司管理层感叹，因为这一现状，很难将之前的经验、知识和技能顺利地教给新人，因而无法将他们培养成能独当一面的人才。

对于这种现状，有的上司选择明哲保身，奉行"多一事不如少一事主义"；有的上司比起锤炼下属，更不愿意被下属讨厌，这些上级会选择不与下属发生任何冲突，只是敷衍了事，纵容下属。但是，认真思考如何将下属培养成独当一面的人才的上司，则会为了寻找合适的教导方法而烦恼。

其实，导致这种现状的根源，早就存在于父母、老师与处于幼儿期、儿童期的孩子的关系之中。不去批评孩子的家长和老师，培养出了一群进入社会以后难以听进别人的训诫，会因为一点小事就受伤，要么反抗要么颓丧的人。

11. 比起批评的技巧，更重要的是背后的良苦用心

　　有很多家长不批评孩子或不知道该如何批评孩子，这一问题已经在教育领域引发了广泛讨论。经过指出这种教育方法的弊端和危害，越来越多的家长开始在育儿杂志、育儿网站等平台上表示想要知道批评孩子的正确方法。

　　自然，这方面家长需要注意的问题很多。比如：不能情绪化行事；不能对孩子进行人格方面的攻击，因而批评时要注意将他们的行为和人格特质分开来看；等等。

　　我曾在街上，或在某家店里遇到过父母扯着嗓子训斥孩子的场景，其实家长大可不必这样情绪化行事。光是看到父母这样极不体面的批评方式，就可能会有人更倾向于选择"非批评式教育"。以控制不好自己情绪的家长为模仿对象成长起来的孩子，往往有可能也无法控制好自己的情绪。因此，家长在训斥孩子的时候也要注意技巧。

不过，比起表面上的技巧，更重要的是批评这一行为背后父母对孩子的关爱担心。

注意到别人在推崇夸奖式教育后，越来越多的家长正在曲解 "夸奖" 与 "批评" 所包含的意义。

发展心理学认为，要想让孩子成长为心智健全的人，重要的是孩子要与养护者之间建立起亲密的情感纽带。为此，让孩子切身感受到自己被爱意满满地守护着、被人爱着，是非常必要的。由此孩子能感受到自身的价值，增强自尊心。

让孩子感受到爱固然重要，但这并不意味着不能批评孩子。不批评孩子未必就是疼爱孩子的表现。孩子会怎样看待不批评自己的家长或老师呢？恐怕就算不去批评一味夸奖，他们也不会感受到自己正被爱着，更不会和家长建立起信任关系。不如说，只有当家长或老师宁可自己被讨厌也愿意严厉地训斥孩子，孩子才会真正地信任他们。

好像很多孩子都是长到上大学的年纪，才开始能从自己被家长批评的经历中理解到父母的良苦用心，对父母心怀感激。以下是我的学生回忆起被家长批评的经历后，写下的一些亲身感受的节选：

"如果孩子的第一次被训斥不是由家长而是由老师完成的，他们在被批评之后就会不知道该做出什么反应，所以家长应该在这之前就对孩子进行训斥，教会他们反省自身的方法。"

"我被父母训斥的时候总是暗下决心，自己将来绝不做斥责孩子的家长。但在情绪稳定下来之后，又会感激因为父母的鞭笞才能有自己的今天，因此我认为训斥孩子是非常重要的。"

"我从小就经常因为做坏事而受到父母的严厉批评。那个时候是真的抵触，觉得父母有些过于严厉。现在想想，父母也是为自己着想，开始打心里感激起来。如果小时候没有被家长骂过，那么长大进入社会以后，被别人批评了也注意不到批评能给人带来的益处，容易沮丧气馁。"

"父母待我非常严厉，我经常被他们训斥。但是，虽然小时候感到很不愉快，但多亏了他们，我现在不会因为一点小事就沮丧受伤；社团活动或者打工过程中，有的人一被斥责就选择退出或者辞职，我就不会有这种想法。我觉得自己比从小没被训斥过的人性格更加坚韧。"

"我觉得能够真心批评自己的也就只有父母了。我的父母经常批评我，指出我这样那样的错误。实际上这是希望我能在进入社会之后能少吃苦，这就是父母心。对于让我意识到这一点的父母，我总是怀有感激之情。"

综上可以看出，家长不必过于担心自己会被孩子怎样看待，只要一直保持着为了他们好的心态，孩子们总有一天能明白自己的良苦用心。只要是为了孩子的前途考虑，就不必在乎批评的方法对错，将自己的关怀传达给他们就可以了。

12. 最后一点：充分相信与默默关怀

前文提到，要想提高孩子的韧性，培养孩子不折不挠的心理素质，重要的是要适当给孩子增加精神负担。我们要鼓励孩子，使孩子即使在困苦的情况下也能够积极地面对，而不是过度保护孩子使其不受伤害。

但反观近来孩子们的成长环境，有一点令我十分担忧，那就是教育界最近掀起的一股盲目整顿"教育支持体制"的风潮。

这种为孩子提供的服务，一旦开始投入，就往往会导致过犹不及的状况。如果试图保护孩子不想让他受伤害，就要设想导致孩子受伤害的所有可能性，为保护孩子而过分关照孩子。这样一来，孩子虽能感受到积极的情绪，但当孩子不得已陷入消极情绪中时会显得非常无助。他们不具备应对消极情绪时的心理承受能力，很容易因无法忍受而反抗或灰心气馁。

这些弊端并不仅仅体现在学校等机构为避免孩子受伤害而实行的过度支持孩子的体制上，还表现为在孩子失败时过度支持之类的事情上。对于失败后极度消沉的孩子来说，不经意间的鼓励无疑是重要的，但也可以看到有一种过度支持的倾向，也就是对孩子过度关怀。孩子在过度关怀下不仅很难靠自己的努力从困难中重新站起来，并且一旦失去老师和父母的支持就会变得一蹶不振。

原本从教育者的角度来看，最重要的是促使孩子凭借自身的能力从失败后的消极情绪中走出来，进而促进孩子的心理发育，使他们能够从失败中学习，而不是去宣扬自己"支持孩子到何种程度"。

但是在最近的教育现场以及育儿环境中，到处充斥着这样的误解。辅导班行业也将这种给孩子的恳切而又精心周到的支持体制作为一大卖点。这种过度支持的现象不仅在辅导班行业，在学校教育现场也被广泛施行，甚至得到了其监护人的青睐，由此变成了一大卖点。然而，他们都忽视了这种行为会大大剥夺孩子们的生存能力。

如今的教育界似乎过分执着于不能伤害孩子这一理念。正因为如此，当遇到小小的失败时，孩子无法鼓起勇气去承受低落情绪，也无法独自努力去克服困难，也就是被剥夺了锻炼自己抗挫折能力的机会。那么将来，当面临复杂严峻的现实时，身处惊涛骇浪中的孩子们也就无法迎难而上了。

因此，想对此提出以下两点建议：

①不要因为怕孩子遇到挫折受伤，而去过度关照孩子；

②当孩子在挫折中受伤时，不要过度给予帮助。

如此一说，难免会引起另一方面的担忧。那就是如今的教育本已被批判对"霸凌"现象放任不管，上述观点也许会被认为将助长这种不负责任的教育风气。但是，实际上这与提出"虐待"这种极端例子来试图否定失败对孩子意志的磨炼一样，不过是偷换概念而已。

对孩子的身心状况时刻保持关心，自然是非常重要的。而我想要呼吁的是，不能仅仅偏向于直接性的支持与帮助，还应该在间接帮助上下功夫。

通过保持热切的关心、静静地守在孩子身边等间接支持孩子的方式，锻炼孩子面对消极情绪时的忍耐力，使孩子逐渐形成自我鼓励、自我振奋的心理机制。

进一步讲，我们要锻炼孩子在逆境中自己去反复摸索、实践尝试，积累宝贵经验，从而克服困难走出逆境的能力。

当然，并不是毫不关心地将孩子置于一旁。当孩子情绪极度低落的时候，要主动站出来，通过询问孩子等方式给孩子直接的支持。

总之，最重要的是要相信孩子的能力，温柔地守护在孩子身边。如果孩子总是依靠直接的帮助重新站起来的话，就不能够锻炼自己独立走出失败阴影的能力。作为大人有必要充分意识到这一点，在与孩子的相处中要保持强烈的自觉。

结　语
希望您能获得培养优秀孩子的启发

出类拔萃的孩子到底什么方面高人一筹？读过这本书的人应该已经明白了。

"望子成龙"可以说是所有父母的共同心愿，而要想达成这一心愿，父母最需要注重的是什么呢？具体又该怎么做呢？

伴随着这种心愿的产生，对教育的误解也在社会上大行其道。父母忽视了培养孩子在其孩童时期应该具备的能力，反而在一些无关紧要的小事上费尽心力，最终导致令人遗憾的结果。

孩童时代的生活方式在很大程度上会左右孩子未来的人生，这一点也是大家可以感同身受的。

我作为大学研讨课和大学讲座的教师、学生心理咨询室的一名顾问，与学生们相处已有 30 余年。从这 30 余年的经验中，我感受到学生们烦恼深重的根源就隐藏在孩童时期的教育问题上。

虽说孩童时期的影响力很大，但要说孩童时期的生活方式能够决定将来的学历与收入的话，总会有人心生怀疑。如今的网络时代，到处都充斥着引起人们不安与好奇心的信息。因此，我传达的信息可能会被误认为是毫无根据、模棱两可的东西。不过，这确实是由学术性研究所证实了的真实可靠的说法。

在孩童时期，有些孩子能够具备非认知能力而有些孩子却不能，并且他们长大之后的生活会存在很大的差异。那么，怎样才能具备这种能力呢？

关于这一点我已在文中做了详细的叙述，在此不再重复。在此我想重申的是：首先，不要轻易相信如今盛行一时的育儿方式与教育方法；其次，不要被儿童教育市场的商业战略所蛊惑，必须要提高警惕。

如今，越来越多的年轻人不愿努力、忍耐力差、心理容易受伤。这一点无论在学校还是在职场上都是大家感同身受的。其责任并不在于年轻人自身，而是在于给他们提供生长环境的大人一方。在育儿、教育已经逐渐沦为一种服务产业的今天，能够真正守护孩子的只有父母了。

抱着这样的想法，我决定把有用的信息传递给那些正在养育孩子的人们。这也正是我与日本经济新闻出版社编辑部的细谷和彦先生针对如今年轻人的生活现状、孩子们的成长环境进行交谈的过程中所诞生的企划。细谷和彦先生也是每天都围绕育儿问题与错误认知进行着斗争的人。

较之其他父亲，我在育儿方面付出了更多精力。即便如此，这也是一个花费大量心思的课题。我希望能让更多的人了解关于孩子的各种情况，并且希望看过这本书的您能够获得一些关于如何培养优秀孩子的启发。

榎本博明

2019 年 9 月